競馬王新書 021 白夜書房

100％激走する勝負調教、鉄板の仕上げ

馬の調子、厩舎の勝負気配は調教欄ですべてわかる

井内利彰

目次

まえがき……6

調教欄の見方……8

第1章 なぜ調教が重要なのか……11

絶好調の馬だけを買え!／12　不調の人気馬、絶好調の穴馬／16　調教師の「勝負気配」を見抜け!／25

第2章 調教の基礎知識……31

競走馬の調教過程／32　外厩とトレセン／38

第3章 調教欄の解読方法……45

ローテーションと本数の関係／46　調教本数で判る「引っ掛かる馬」「ズブイ馬」／52　芝馬とダート馬／55　調教馬場の運動効果／57　調教の強さ／60

調教タイムの見方／64　併せ馬の意図／67

第4章　調教馬場の特徴 …… 71
美浦トレーニングセンター／72　栗東トレーニングセンター／83

第5章　盲点の必勝調教 …… 93
坂路終い最速ラップ／94　新馬戦は追い切り時計の速い馬／99　格上馬との併せ馬／102

第6章　主要厩舎の勝負調教 …… 105
池江泰郎厩舎／106　橋口弘次郎厩舎／108　音無秀孝厩舎／110　松田博資厩舎／113　藤原英昭厩舎／115　白井寿昭厩舎／118　友道康夫厩舎／120　石坂正厩舎／123　昆貢厩舎／125　鹿戸雄一厩舎／127　藤沢和雄厩舎／129　堀宣行厩舎／131

第7章　調教適性という考え方 …… 133

第8章 主要コースの調教適性 ……… 143

東京競馬場／144　芝1400m　芝1600m　芝1800m　芝2100m　芝2400m
　　　　　　　ダ1400m　ダ1600m　　　　　　　　　　　　　　　　ダ1300m

中山競馬場／153　芝1200m　芝1600m　芝1800m　芝2000m　芝2200m　芝2500m
　　　　　　　ダ1200m　ダ1800m

京都競馬場／161　芝1200m　芝1400m内　芝1600m外　芝1600m外　芝1800m外
　　　　　　　芝2000m内　芝2200m外　芝2400m外　芝3000m外　芝3200m外
　　　　　　　ダ1400m　　　　　　　　　　　　　　　　　　　ダ1200m

阪神競馬場／175　芝1200m　芝1400m　芝1600m　芝1600m外　芝1800m外　芝2000m
　　　　　　　芝2400m　芝3000m
　　　　　　　ダ1400m　ダ1800m　ダ1200m　ダ1400m　ダ1800m　ダ2000m

あとがき ……… 187

帯写真◎榎田ルミ、橋本健　　調教欄提供◎競馬ブック

まえがき

 私が前回の単行本「調教Gメン」を出版させていただいたのは2002年10月のことでした。「調教Gメン」では「追い切り時計は見ない」をテーマとして、各競馬場とその距離における調教の適性について徹底的に研究しました。しかしそれから6年と半年が過ぎると「時計を見ないっていうのはやりすぎた」と反省しています。

 思えば、それまでの調教予想には「追い切り時計が速いから良い」という風潮しかなく、調教の本数や強さ、さらに併せ馬があるのかないのか、そして調教場所がどこであるかということは全く調教予想の概念に入っていませんでした。ですからそれまでの「主流」だった追い切り時計を切り捨てて、「支流」として調教適性だけを極めようとしていました。しかし支流は主流があってこその流れ。やはり追い切り時計というのは非常に重要な予想ファクターなのです。それに気付いたのは私自身も毎週の追い切り時に栗東トレーニングセンターでストップウオッチを押すようになってからでした。実際に追い切りの動きを見ながら、スットプウオッチを押してラップを計るといろんなものが見えてきます。1週前の追い切りで一杯に追っても85秒掛かっていたのに、今週は馬なりで80秒は速いやん、なんてことも珍し

まえがき

くありません。そしてその動きを一緒に見ていた担当厩務員が「馬が変わってきた」とコメントしてくれると、追い切りを見ていて良かったって思います。やはり追い切り時計も馬の調子や、その馬のスピード能力を計るには必要不可欠なのです。だからその時計を見ないというのは無謀でした。

そんな紆余曲折がありながらも、追い切り時計を鵜呑みにすることだけはやめてほしいと思っています。だからこそ、この新書で追い切り時計とそれを支える本数や強さ、併せ馬や調教場所の関係を上手に活用する方法を知ってもらいたいと思いました。そして私の調教に対する考えをいろんな調教師にぶつけて、それに対する回答を得ることで調教現場にいるからこそ書ける内容にしたいと思いました。

なので私は「これだけ知っていれば、あなたも調教捜査官」という新書タイトルにしたかったのですが、編集者はインパクトを大事にするため「100%」とか「勝負」、「鉄板」という怪しい馬券予想会社のような見出しを並べてしまいました。しかし私も編集者も思いはひとつ。調教予想の王道を極めるためには、こんなことを知っておいてもらいたい。そらいう思いを積め込んだ一冊に仕上がりました。

これを読み終えれば、あなたも井内利彰公認の調教捜査官です。

まずは基本を押さえておこう!
調教欄の見方

調教欄は新聞によって表記が異なり、新聞によっては中間の調教が省略されているものもあります。ここでは省略せずすべての調教が掲載されている「競馬ブック」を例にとり、調教欄の基本的な見方を紹介します。

調教欄にはこれだけの情報が載っている

■2008年10月19日 秋華賞（11番人気1着）出走時

```
④ブラックエンブレム〔終いの伸び不満〕        (←→)
08.9✽栗坂良    1回 55.7 40.0 25.7 12.6  一杯に追う   ①ベスト
助手■美坂良    1回 52.0 37.2 23.8 12.0  強目に追う   ②連対時
岩田◇栗芝良  83.5 66.8 51.7 37.6 12.4 ④G前仕掛け   ③前走時
助手 3栗坂良    1回 63.1 46.4 30.2 14.8  馬なり余力
5栗坂1回59.9 43.6 13.9なり 併せ 追走0.1秒遅れ   ④併せ馬内容
助手 7栗坂良    1回 60.4 43.9 28.5 14.0  馬なり余力
岩田 8栗坂良    1回 53.5 38.9 25.3 12.6  一杯に追う
ヘルバースト（古500万）一杯を0.3秒追走1秒先着
調師11DW重     90.0 72.8 56.7 41.5 12.2 ⑧直一杯追う   ⑧本追い切り
ヘルバースト（古500万）直一杯の内追走5F併同入
岩田15栗坂重    1回 54.6 40.6 27.2 14.2  一杯に追う
アイファーラブラブ（古1000）末一杯を0.3秒追走0.3秒遅れ
```

⑤日付 ⑥騎乗者 ⑦調教馬場

①ベスト時計
今回の追い切りと同じ調教馬場でのベストタイム。

②連対時の追い切り
一番近い連対時の追い切り内容。

③前走時の追い切り
前走時の追い切り内容。前走で連対している場合は、この1行は省略される。

④併せ馬内容
併せた馬、併せた距離、追走・先行とその差、先着・遅れとその差を表記している。

⑤日付
時計を出した日を表記。上の調教欄の「7」は10月7日を表す。

⑥騎乗者
3日、7日は調教助手、8日、15日は岩田騎手、11日は調教師が騎乗している。

⑦調教馬場
「美坂」は美浦坂路、「栗坂」は栗東坂路、DWは栗東Dコースのウッドチップ馬場を表す。

⑧本追い切り
本追い切りはレース週の水曜、木曜のどちらかに行なわれる。上の調教欄では15日（水）に行なわれている。

トラック（円形コース）での調教の見方

調師11DW重　90.0 72.8 56.7 41.5 12.2 ⑧直一杯追う
　　　　　　　　①調教時計　　　　　②走った位置

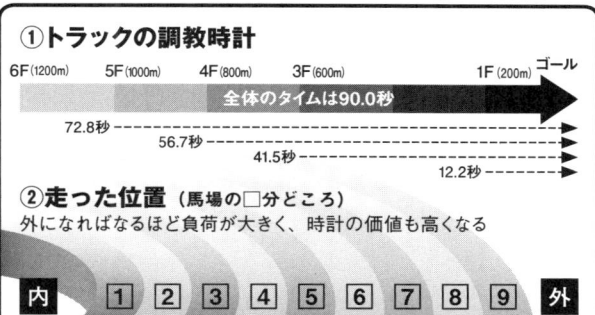

①トラックの調教時計

②走った位置（馬場の□分どころ）
外になればなるほど負荷が大きく、時計の価値も高くなる

坂路での調教の見方

岩田15栗坂重　1回 54.6 40.6 27.2 14.2 一杯に追う
　　　　　　　　①回数　　②調教時計

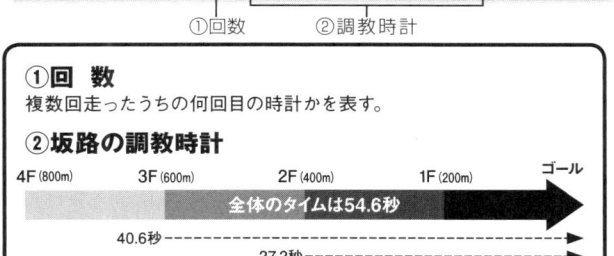

①回　数
複数回走ったうちの何回目の時計かを表す。

②坂路の調教時計

併せ馬の見方

ヘルバースト（古500万）一杯を0.3秒追走1秒先着

第1章 なぜ調教が重要なのか

絶好調の馬だけを買え！

「調子」をチェックすることは軽視されている

みなさんはどのように予想していますか？　きっと馬券を買い始めた頃は「前走の着順」や「騎手」といった、ファーストインプレッションで予想できるファクターを重視していたと思います。しかしそれだけではなかなか万馬券を的中させることができません。それどころか人気通りに決まらずに「なぜ？」と負の迷路へ突き進んでしまいます。

そこで着順だけではなく、走破時計を基にした能力指数や得意の競馬場や距離などの適性を調べて予想する人も多いはずです。しかし、入念に調べ上げて見つけ出した能力がある馬や適性がある馬が確実に勝てるとは限りません。一番強い馬、一番適性がある馬を買ったはずなのに、直線で全く伸びずに負けた、といった経験は誰にでもあると思います。

日本時間の2009年4月17日に日本最多安打記録を更新したイチロー選手も、WBC前半戦のように調子が悪ければ打てない日々が続きました。逆に調子が上がってくれば、こぞという大事な場面でしっかりと能力を発揮することができます。競走馬だって同じです。生き物である限り、「調子」を無視することはできないのです。

第1章　なぜ調教が重要なのか

ではどのように調子を見極めればよいでしょう？

競走馬の場合、調子を示す要素として馬体重があります。500キロ近い馬体重の競走馬にとって「数キロの増減なんて大したことない」と考える方もいると思いますが、人間のアスリートだって数百グラム単位の体重をコントロールしながら競技に挑みます。

1999年秋、京都大賞典に出走したスペシャルウィークが前走から+6キロという馬体重で単勝1・8倍を裏切る形で7着に敗れました。当時を振り返った白井調教師は「この年の夏はめちゃくちゃ暑かった。だから栗東へ連れてきても調整が難しかった」と調教不足を敗因に挙げています。そして巻き返すために調教を強化して出走した天皇賞秋では16キロの体重減に成功、見事な復活勝利を果たしています。増えて調子が落ち、減って調子が上がる。馬体重で調子が分かった典型例だと思います。

そして重要なのは調子の悪い馬が人気になったり、調子の良い馬が人気にならなかったりすることです。例に挙げたスペシャルウィークも、京都大賞典は休養明けで調子が悪かったのに単勝1・8倍と人気して負け、天皇賞秋では調子が良くなったのに単勝6・8倍と人気が落ちて勝っています。

また2009年のフェブラリーSではヴァーミリアンがレース週の水曜に予定されてい

た追い切りを「右肩の出方が悪い」ということで木曜に延期しました。このように調子が悪いという発表があっても、当日には単勝4・1倍の人気に支持されるわけです。だから調子が上がっていても、それが要因で人気することはありません。これこそが調教予想の妙味であり、馬券で勝つための究極の作戦は、絶好調の馬だけを買うことなのです。

調子をチェックする方法、それが調教欄

馬の調子を見る上で最善の方法が調教欄を見ることです。

馬の調子を見ると言えば、パドックを見る方も少なくないでしょう。確かにパドックを見ればレース前の馬の様子を見せてくれることですから、そこから調子を見抜くことはできるかも知れません。しかし自分の目でパドックを見るにはその競馬場へ出向かなくてはいけません。ですから3場で開催されていても、どこか1場しか選択できないのです。そもそもパドックを見て良し悪しを決めることは主観的な判断でしかありません。ですから「あの腹回りは太い」と誰かが言っても、その馬を見た他の人たちが同じ回答をするとは限りません。しかし調教欄は誰が見ても同じ情報しか掲載されていないので、客観的に見る

第1章　なぜ調教が重要なのか

ことができます。

調教欄だけでなく馬柱にも調教が掲載されている場合があります。競走時の最終追い切りの調教場所や時計が掲載されています。例えば2走前に「坂路」で調教されていた馬が前走は「CW」で調教されているといった情報が分かります。この情報は極めて客観的な変化を示していますから、非常に分かりやすいですよね。

また馬の調子について実際に調教師などに取材しているのはトラックマン（TM）なのだから、その印を見れば、調子が正確に分かるのではないか？という意見もあるかも知れません。私は過去に「番記者番付」という本を出版させていただくにあたって、いろいろなTMの方にお話を伺いましたが、印の打ち方について「調子は半分、あとは能力と適性」とコメントしたとしても、それを取材したTMがほとんどでした。つまり厩舎が「調子が上がっている」という考え方のTMが能力と適性が足りないと思えば、印には反映されていないというわけです。

やはり馬の調子の良し悪しを見抜くためには、客観的な情報を基に自分で判断するのが一番。客観的な情報が満載の調教欄の読み方が分かれば、不調の人気馬、絶好調の穴馬が見えてきます。

不調の人気馬、絶好調の穴馬

調教していないのにまさかの5番人気

いつも調教欄を見る私にとって、目を疑うような光景が起こったのは、2009年4月18日の中山8Rでした。このレースは中山ダート1800mで行われる4歳500万下です。断然人気は4走続けて、このクラスで2着しているストロングバサラでした。中11週の休養明けでしたが、坂路での調教本数は標準でしたし、これは当然でしょう。他にはどの馬が人気になっているのかと思って、単勝のオッズ順位を見ていると、オペラダンディが5番人気ではありませんか？ このオッズを見て「調教ってあまり重要と思われていないんだ」と再認識しました。

確かにこの馬は4走前に500万下を勝っていますし、3走前には1000万下で3着という実績を残しています。他の出走馬と比較しても、過去成績なら5番人気でも当然なのかも知れません。しかしオペラダンディの調教欄を見てください。中36週という長期休養明けにも関わらず、「プール」という文字しかありませんよね。つまり坂路でもトラックでも速い時計を1本も出していないということです。

第1章　なぜ調教が重要なのか

プール調教だけで出走!?

■2009年4月18日 4歳上500万下（5番人気中止）出走時　中36週

```
5 オペラダンディ〔調整に疑問〕
 助手 ■ 南D栫      66.7 51.7 38.4 13.2 8 直強目追う
 調師 ◇ 北C良      67.8 52.6 38.8 12.3 7 G前一杯追
 美浦プール   4月 3日 3周
 美浦プール       4日 4周      7日 5周     8日 2周    9日 4周
```

長期休養明けにもかかわらず、中間に1本も時計を出さずにプールだけで出走。過去の実績が評価されて5番人気になっていたが、結果は競走中止だった。

もし陸上の選手がトラックに出て走る練習をせず、プールだけで仕上げた体でレースに出場すれば、どうなるのでしょう？　きっとそんな選手はいないはずです。馬だって全く同じことなのです。しかし馬の場合は「経済動物」ですから、いろんな事情があります。オペラダンディについてどのような事情があったのかは取材もしていないので詳細が分かりません。あくまで私の推測ですが、脚部不安で放牧に出ていたようなので、帰厩してからもその不安と戦いながらの調整だったのではないかと思うのです。そして結果として、調教欄に載る調教が一本もなくレースに出走してきたのです。

馬体は前走から＋6キロとプール調教の効果か、休み明けとしてはありふれた数字での出走となりましたが、結果はバックストレッチでの競走中止でした。私は調教欄に調教がない時点である程度、この結果を予測できましたが、

調教欄を見ずにオペラダンディ絡みの馬券を買った方には「なぜ競走を中止したんだろう？」というモヤモヤした気持ちしか残らないのではないでしょうか。

いくら実績がある馬でも調教をしなければ、勝てないどころか完走もできない。それがオペラダンディの競走中止が教えてくれた真実なのです。

こんな馬が人気で飛ぶ

前走までの実績から考えて負けるはずのない人気馬が簡単に負けることがあります。そんな時によく見られる調教のパターンは大きく分けて4つあります。

まずは調教本数が好走時の調教時に比べて少なくなっているパターンです。いつもなら中4週のローテーションだと調教欄には4本あるはずの調教が2本しかない、こういった場合には「減っている馬体重を回復させたい」「脚元に不安がある」「調教ができない時期があった」など様々な理由が考えられます。それらの理由はすべて「調子が悪い」ということの裏付けです。

2つ目は追い切りの全体の時計が好走時と比較して遅くなっているパターンです。いつもなら最終追い切りは坂路4Fで52秒の数字で好走しているのに、今回は55秒と3秒も遅い。

第1章　なぜ調教が重要なのか

連対時の時計と比較して明らかに遅い

■2008年9月14日　セントウルS（1番人気8着）出走時　中13週

⑧スズカフェニックス〔シャープな脚捌き〕						
助手■栗坂重	1回	50.9	―	24.9	12.5	一杯に追う
助手◇栗坂重	1回	52.6	38.4	25.3	12.7	一杯に追う
助手　6函W良		70.9	55.1	41.0	14.0	⑦馬なり余力
助手　9函W良			59.9	44.9	15.9	⑥馬なり余力
助手10函W良		72.1	56.6	42.4	14.5	⑧馬なり余力
助手13函W良		70.0	54.6	40.6	13.8	⑨馬なり余力
助手17函W良		70.4	55.3	41.6	14.4	⑤馬なり余力
助手20函W重		67.7	53.6	40.1	13.3	⑨馬なり余力
助手23函W良		74.5	59.3	44.2	14.7	②馬なり余力
助手24函W稍		71.5	55.6	41.3	13.8	⑤馬なり余力
助手27函W重		66.2	52.2	38.9	12.7	⑧強目に追う
助手　5栗坂稍	1回	50.8	37.6	24.8	12.5	強目に追う
助手10栗坂良	1回	52.4	―	25.4	12.6	一杯に追う
助手12栗坂良	1回	62.5	45.6	30.5	15.4	馬なり余力

前回連対時（■の行）は坂路4Fを50.9秒で駆け上がっているが、今走は良馬場でも52.4秒しか出ていない。

　そんな場合は速い時計を出せない状況にあるのか、馬がそれだけ前向きでない、つまり調子が悪いということです。

　調教欄には「連対時」の追い切り時計が掲載されていますので、その時計と今回の時計を比較すれば良いでしょう。

　調教欄の例として挙げたスズカフェニックスはとにかく調教駆けする馬で50秒台は当たり前の馬でした。そんな馬が休養明けのセントウルSでは52・4秒も掛かってしまうということは好走時のスピードを出せる状態ではないということなのです。

　3つ目は好走時とは違う調教場所で追い切っているパターンです。

好走時とは違う調教場所での追い切り

■2008年3月16日 フィリーズレビュー（1番人気10着）出走時　中14週

```
⑮エイムアットビップ〔仕上がりひと息〕→
07.11ﾁｬDW良    86.2 70.1 55.7 41.6 12.6 ⑨馬なり余力
 小慎■栗坂稍     2回 52.9 38.4 25.6 13.0   一杯に追う
 福永◇栗坂良     2回 53.6 38.8 25.1 12.7   末強目追う
27栗坂1回53.2 38.8 12.9なり  7栗坂1回62.0 45.6 15.5なり
 助手 9栗坂良     1回 56.5 41.6 27.3 13.3   馬なり余力
 福永12DW稍    83.5 67.5 53.1 39.4 11.8 ⑧一杯に追う
アグレマン（新馬）一杯の内追走0.6秒先着
```

連対（ファンタジーS2着）時も、前走（阪神JF3着）時も、追い切りは坂路で行なっていたが、なぜかこの時はDウッドで追い切られていた。

　これはエイムアットビップを例に挙げて解説したいと思います。調教欄は1番人気になったフィリーズレビューの時のものですが、最終追い切りの場所はDWになっています。ところが連対時は坂路、そして前走阪神JF3着時も坂路で好走されています。近2走が坂路追い切りで好走したにも関わらず、あえて運動負荷の強いDWを最終追い切りに選んだということは休養明けで仕上がり不足だったのではないかと推測できます。

　最後は追い切りの強さが弱くなっているパターンです。連対時には「一杯」に追われている馬が「馬なり」になっていたりします。間隔が詰まっているから一杯に追わなくてもいいというのは、あまりにも単純な考え方です。そもそも一杯に追われて連対した馬が馬なりになったことで調子を

第1章 なぜ調教が重要なのか

追い切りの強さが弱くなっている

■2008年12月20日 愛知杯（1番人気8着）出走時　中6週

```
1 ニシノマナムスメ〔好調持続〕                        →
 助手■CW稍     82.1 66.3 52.5 39.4 12.7 9 叩き一杯
 助手◇CW良     82.2 66.1 51.5 38.6 12.9 8 追って一杯
 14栗坂1回59.9 45.3 15.9なり  21栗坂1回59.6 44.8 15.5なり
 27栗坂1回56.8 42.0 14.6なり   3栗坂1回52.8 39.6 14.6なり
 助手 7栗B良       ─  56.8 41.0 13.8 5 馬なり余力
 助手10CW稍     80.1 65.2 51.6 38.8 13.0 8 叩き一杯
 助手17CW良     81.5 66.0 52.4 39.6 13.1 9 馬なり余力
```

連対（マイラーズC2着）時は「叩き一杯」、前走（カシオペアS3着）時は「追って一杯」だったが、この時は「馬なり余力」になっていた。

　維持できるとは限りません。レースが終わって、軽い運動だけ、軽いキャンターだけという調教サイクルから最終追い切りになるので、ここで馬なりにしてしまっては連対時とは調教のパターンが変わってしまいます。

　調教欄の例として挙げたニシノマナムスメは牝馬ですが、一杯に追われてこそ好走する馬です。連対時の追い切りはマイラーズC2着時のものですから、一杯にさえ追われれば、牡馬相手でも十分に勝負になるということです。ところが愛知杯は中1週でカシオペアS（3着）を使ったことを気遣ってか、最終追い切りを馬なりに変更しました。これが負けるはずのない相手に惨敗する結果を招いてしまったのです。

　本数以外の3つの項目は連対時の追い切りが掲

載されている調教欄なら簡単に比較することができます。そしてその時計や強さは速いから良い、一杯だから良いというわけではなくて、あくまで連対時のものと比較してください。

それが客観的に人気馬を見極める秘訣です。

調教駆けする馬は「穴」をあける

皆さんは馬券検討をする際に「追い切り時計」をどの程度考慮されているでしょうか？

私の場合、坂路での速い追い切り時計に関しては「人気がなければ、前走の着順は度外視して買う」というスタンスを貫いています。

坂路は読んで字のごとく「さかみち」ですから、南WやCWなどの平坦トラック（円形）馬場と比べて調教負荷が大きくなります。大小の差があるとはいえ、どの競馬場にもコースには起伏が設けられているので、坂路調教の方が実戦的なスピード能力を鍛えることができるのだと思います。

またトラック馬場だと内目を通るか外目を通るかで時計が大きく変わってきますが、坂路の場合はそのような差が出にくい幅員になっています。よって坂路で出した時計は正味、その馬のスピード能力ということになります。

第1章　なぜ調教が重要なのか

ここからは坂路調教でのスピード能力を実証してくれた馬たちを紹介していきましょう。

まずは新馬戦で15着と惨敗してから4ヵ月後の未勝利戦で変身したイコピコです。新馬戦のイコピコは坂路とトラックを併用して仕上げられていましたが、その当時の坂路調教では4F56・0秒という時計が精一杯で、速い時計が出ませんでした。ところが放牧から帰ってきたイコピコは坂路での動きが別馬のようになり、未勝利戦の最終追い切りでは4F54・3秒でした。通常の栗東坂路であれば大した時計ではありません。しかしこの週の栗東坂路は異常なほど時計を要しており、54・3秒は2009年2月25日に栗東坂路で追い切られた馬の中で5番目に速い時計だったのです。新馬15着の休養明け、まして調教欄における調教本数も休養明けにしては少ない部類でした。これらの要素からイコピコを全く買う要素はありませんよね。しかし坂路での追い切り時計は出走メンバーでも群を抜いて1番ですから、一変する要素は十分でした。

もちろん未勝利以外でも変貌を遂げる場合があります。それがヒシカツリーダーのアクアラインSです。

前走のドンカスターSでは坂路での追い切り時計は53・3秒と特に目立つような数字ではありませんでした。そして勝ち馬からは1・2秒と離された6着に敗れています。ところ

時計が速ければ前走の着順は度外視

ヒシカツリーダー
08年12月7日 中山10R 4番人気1着

	坂路4F	着順
ドンカスター	**53.3** ▶	6着(7人気)
アクアライン	**51.2** ▶	1着(4人気)

その日2番目に速い時計

51.2 37.7 25.1 12.7 一杯に追う

イコピコ
09年3月1日 小倉3R 5番人気1着

	坂路4F	着順
1戦目	**56.0** ▶	15着(10人気)
2戦目	**54.3** ▶	1着(5人気)

その日5番目に速い時計

3戦目	**52.6**	3着(8人気)

自己ベスト更新

52.6 39.3 26.4 13.4 叩き一杯

　がアクアラインSに出走する時の追い切りは51・2秒で、この数字は2008年12月3日に追い切られた馬の中では12月3日に追い切られた馬の中ではローレルゲレイロ（49・7秒）に次ぐ2番目に速い時計でした。この数字は出走馬の中でも飛び抜けて速い時計であり、1番人気に支持されても不思議ない材料です。しかしヒシカツリーダーにとってアクアラインSのダート1200mは初めての短距離戦だったので、そこが人気にはなりにくい要素だったのかも知れません。要するに「坂路で速い時計を出す＝短距離」というイメージはそれほど多くの競馬ファンには認知されていないのでしょう。

　イコピコにしてもヒシカツリーダーにしても坂路で速い時計を出しながらも過剰な人気になることもなく、おいしい馬券を提供してくれています。

第1章 なぜ調教が重要なのか

これこそ、調教欄で「数字を見るだけ」のお手軽調教馬券です。

調教師の「勝負気配」を見抜け！

速い時計で結果を出しているのに…

2005年の第22回ラジオたんぱ杯2歳Sを制したのは未勝利、エリカ賞と連勝していたサクラメガワンダーでした。その時の坂路での追い切り時計は52・2秒と2歳馬としては非常に優秀な数字で、スピード能力の高さを示していました。

それから3ヵ月後に弥生賞に出走したサクラメガワンダーは共同通信杯を制したアドマイヤムーンと人気を二分した2番人気に支持されます。調教の本数はトライアルの休養明けとしては十分で、一見、力が出せる仕上がりにあると思えますが、問題は坂路での追い切り時計です。56・5秒という数字は前走ラジオたんぱ杯の時よりも4秒以上遅い時計で、1週前に51・9秒という好時計を出していること、中山への輸送があることで手控えたということとなのでしょう。

当時の馬の状態については「仕上がりは良かったと思う」と友道調教師は振り返っていま

仕上がり万全に思えても……

■2006年3月5日 弥生賞（2番人気4着）出走時

中9週

```
①サクラメガワンダー〔仕上がり万全〕
 05.12ﾀﾝ 栗坂良    1回 52.2 38.9 26.1 13.3  馬なり余力
 助手 ■ 栗坂良    1回 52.2 38.9 26.1 13.3  馬なり余力
 助手   栗坂稍    1回 56.8 42.0 28.3 14.1   馬なり余力
 12栗坂1回59.8 43.6 14.8なり  15栗坂1回60.1 44.3 14.8なり
 16栗坂1回53.1 38.6 12.6強目 併せ 先行ｱﾀﾏ差遅れ
 助手19栗坂良    1回 56.9 42.4 28.6 14.5  馬なり余力
 安勝23栗坂重    1回 51.9 37.6 25.2 12.5  一杯に追う
 ストラディヴァリオ（三稍）一杯を0.4秒追走0.7秒先着
 助手 1栗坂重    1回 56.5 41.9 27.9 13.7  馬なり余力
 助手 3栗坂稍    1回 60.5 44.5 29.5 14.2  馬なり余力
```

前走、ラジオたんぱ杯2歳S出走時の追い切りは坂路4Fで52秒2。しかし、この時は1週前に強い調教をしているとはいえ、56秒5と前走時より4秒以上も遅い時計だった。

すが、やはり結果が出なかった事実は追い切り時計が遅かったことと無関係ではないような気がします。

やれないのには訳がある

28ページの表はアドマイヤジュピタの2008年の出走レースとその時の追い切り時計、そして馬体重をまとめています。

アルゼンチン共和国杯で初重賞制覇を成し遂げたアドマイヤジュピタは有馬記念の出走も視野に入れながら、日経新春杯へ向けて調整を続けていました。ところが冬場ということもあり、レースを使わなかったことで馬体重の維持が難しくなり、日経新春杯では太目が残った出走になってしまい

第1章 なぜ調教が重要なのか

ました。

次走、阪神大賞典は時期的に暖かくなる季節でもあったため、通常の調教で次第に馬体は絞れつつありました。しかし誤算だったのは3月19日の本追い切りでした。終い重点の追い切りをするつもりでテンをゆっくり入ると、4F57・0秒と想定していた数字よりも随分遅くなりました。通常ならこれを最終追い切りにして、あとはレースまで速い時計を出すことはないと思いますが、日経新春杯の大目残りが頭にあった友道調教師は攻めの姿勢を貫きます。なんと翌日に追い切るという異例の調教方法を選択したのです。その結果として、20日の追い切りは馬なりでしたが、4F53・2秒という負荷としては十分なもの。阪神大賞典では馬体は10キロ絞れ、結果を出すことができました。

続く天皇賞春でも攻める調教をやめることはなく、再び8キロのシェイプアップに成功しました。そして坂路時計の自己ベストである52・0秒という追い切り時計を出しています。

天皇賞を勝った後、凱旋門賞への出走も視野に入っていましたが、アクシデントが発生しました。「お盆過ぎに肩の出が悪くなって凱旋門賞は見送ることになり、目標を国内に切り替えたけど入厩も予定より2週間ほど遅れた」とは友道調教師です。そして入厩した翌日にスクミが出て、数日後に予定していた15―15の調教も延期されたのです。本来なら休養で回

■アドマイヤジュピタ　追い切りと体重の関係［2008年］

レース	間隔	人気	着順	増減	4F	3F	2F	1F	強さ
日経新春杯	10	1	4	+16	53.3	39.0	26.0	13.1	一杯
阪神大賞典	8	4	1	-10	53.2	39.3	26.1	13.0	ナリ
天皇賞春	5	3	1	-8	52.0	38.2	25.2	12.9	一杯
京都大賞典	22	2	9	-14	55.8	40.6	26.4	13.7	一杯

日経新春杯は太め残りが原因で敗退したが、次走の阪神大賞典では本追い切りの翌日に再度追い切るという攻めの姿勢を見せた。これにより10キロ絞れ結果を出した。

復しているはずの馬体重も戻りきらないままの調教が続きました。友道調教師は「時計の掛かる馬場状態だったから、追い切り時計が遅いのは仕方ないと思っていたけど、状態が春のようではなかったことも確か」と振り返っています。

この2頭の話の最後に友道調教師から「輸送があるから手控えた、1週前にしっかりやっているから疲れが残らないようにソフトに仕上げたっていう考え方があるけど、やっぱりなにかしら不安があるから手控えた追い切りになるんだよね」という言葉が出ました。

もちろん馬によって時計を出さない仕上げ方、追い切りの方法はあります。しかし時計を出して結果を残した馬が休養明けや長距離輸送があるからといって、好走時と違う仕上げをすることは決して歓迎すべき追い切りではないということでしょう。

第1章 なぜ調教が重要なのか

敗戦が糧となってGⅠ制覇

2008年10月26日の2歳新馬戦。リーチザクラウン、ブエナビスタを破りアンライバルドが新馬勝ちを決めました。次走の京都2歳Sは9頭立てのオープン戦で、アンライバルドは単勝1・8倍と断然の支持を受けましたが、結局後ろから差してきた馬にも交わされて3着という結果に終わりました。

当時は「たいしたことはない」と酷評されることもありましたが、友道調教師自身は競馬場でのイレ込み、レース中の折り合いを欠いた走りが敗因であり、決して3着という結果がこの馬の力ではないと感じていました。

「京都2歳Sの時は大事に仕上げすぎたかな。馬なりの調教ばかり続けたことで馬に走りたいというストレスが溜まって、結果的にレース当日に落ち着きを欠く結果になってしまったから。だから一旦ガス抜きの意味も込めて放牧に出して、立て直すことにしました」

これが京都2歳Sが終わってからの友道調教師のコメントでした。

そして2008年末に放牧から帰ってきて、坂路での調教が再開されましたが、少し引っ掛かるのか15―15の時計が出ることも度々ありました。しかしこれについて友道調教師は

「無理に抑える必要もない」と積極的な調教を課していきました。それからは調教で緩められることはなく、若駒S、スプリングSと坂路とCWを併用してびしびし鍛えられていきました。

スプリングSを勝った後、友道厩舎は追い切りで攻めてこそ結果が出る厩舎というデータがあったので、私はアンライバルドについても攻めた方が結果が出ますよね?といったことを友道調教師に話しました。すると友道調教師はこのように答えてくれました。

「強い追い切りを消化したスプリングSは初の長距離輸送だったし、すごく不安な面もあったけど、競馬場では凄く落ち着きがあったし、やっぱりしっかりと強い調教をやった方がガス抜きができていいことが分かった。だから皐月賞でも緩めずにしっかりと攻めるよ」

これまでの経験の集大成を皐月賞にぶつけるという力強いコメントでした。

その結果がパドックでも馬場入り後も非常に落ち着いた様子でレースに臨み、直線入口で17頭を捻じ伏せた強いレースぶりに繋がりました。

強い調教ができるということが調教師にとってなによりの自信の表れ。それがアンライバルドの皐月賞制覇で実証されました。

第2章

調教の基礎知識

競走馬の調教過程

皆さんは一頭の競走馬がどのような過程でデビューを果たすのかご存じでしょうか？なかには「調教は水曜と木曜にしかやっていない」というイメージをお持ちの方もいらっしゃるでしょう。そんな方々のために、2009年の牡馬クラシックで主役を務めるリーチザクラウンを一例として、競走馬の調教過程をご紹介していきたいと思います。

トレセンに入厩

リーチザクラウンは2008年8月28日に栗東へ入厩していますが、それまでは社台ファームで育成調教を行い、北海道から直接の輸送では馬にも堪えるということで、山元トレセンに10日間ほど滞在、経由して栗東へ入厩という段取りでした。橋口調教師は「クラシックを意識できる器だと思っていたから、それを狙うために逆算した日程で入厩させた」と入厩に至った経緯を教えてくれました。

橋口厩舎の場合、入厩からデビューまでの調教期間は早い馬で1ヵ月半、普通で2ヵ月程度掛かっています。リーチザクラウンは10月26日にデビューしていますから、橋口厩舎では

普通のパターンでデビューしています。

ゲート試験

初めてトレセンに入厩する新馬の場合、まず目指すのはゲート試験の合格です。これに合格しなければ、競走馬として出走が認められません。よって試験に合格するためのゲート練習が中心になっていきます。橋口厩舎の場合は、1F16・5秒〜17秒くらいのキャンターで坂路を駆け上がり、その後にゲート練習を行います。

まずはゲートに入れて静止させる、これが基本になります。馬は元々怖がりな動物ですから、あれだけ狭い空間に閉じ込められることを嫌がります。それを怖くないと教えながら、そして後ろ扉を閉められても大丈夫ということを教えていきます。スムーズに入り、数秒間静止することができれば、あとは出るだけ。この状態になれば、ほとんどの馬が試験を受けることになります。

リーチザクラウンは10月1日にゲート試験を受けて一発で合格しています。ちなみに調教欄に記載されている「ゲート」とそのラップのほとんどはこの試験時の時計だと思います。

■2008年10月26日 新馬（2番人気2着）出走時　初出走

```
②リーチザクラウン〔抜群の動き〕
15栗坂1回64.4  45.9 14.4なり 併せ 同時入線
18栗坂1回57.0  40.3 13.7末強 併せ 追走0.9秒先着
小牧19栗E良              14.9 15.3 ゲートなり
21栗坂1回    46.1 14.1なり 併せ 追走同時入線
助手24栗E良              13.9 13.2 13.6 ゲートなり
28栗坂1回61.5  42.6 14.3なり 併せ 0.1秒先着
小牧 1栗E不              12.4 12.3 14.1 ゲートなり
5栗坂1回56.1  41.5 14.0なり 併せ 0.1秒先着
8栗坂1回55.4  40.5 13.2末一 併せ 1秒先着
12栗坂1回58.9  41.1 14.2なり 併せ 追走0.1秒先着
助手16DW稍  85.8 68.0 52.9 39.7 12.5 ⑧末強目追う
ラファエロ（新馬）叩一杯の外0.9秒先着
19栗坂1回57.3  40.2 13.8なり 併せ 0.3秒先着
小牧22栗坂良   1回 52.7 38.2 24.7 12.3 馬なり余力
カーナヴァル（新馬）一杯を0.4秒追走2.1秒先着
```

橋口厩舎では、ゲート練習→ゲート試験合格→週1本の速い調教（8日、16日、22日）という流れで仕上げられる。

デビュー前の調教

ゲート練習と並行して、坂路では4F55〜58秒程度の馬なり調教も進めていたリーチザクラウンはゲート試験に合格すると、すぐに速い調教を消化していきます。

「ゲート試験に合格すれば、使うレースも決めることができるから本格的な調教を進めていける。うちだと新馬の場合は3週前くらいから1週1本の強い追い切りをやって、3本の一杯調教で仕上げる」というのが橋口厩舎の新馬の仕上げ方です。

調教欄を見ていただくと、橋口調教師が話すように1週1本の強い調教がある

第2章 調教の基礎知識

と思いますが、やはり圧巻はレース週の52・7秒、そしてラスト1Fが12・3秒と桁違いの脚力でした。

「追い切りをする時はある程度の時計を想定して、その時計よりも動ければ、競馬でも勝ち負けしてくれることが多いけど、リーチザクラウンの場合は想定よりもかなり動いてくれたね。もちろん時計は馬場状態によることもあるから、動きもしっかりチェックするけど、坂路でのラップが示すように、動きは本当に文句なかったよ」と手放しでデビュー前のリーチザクラウンを褒めていました。

もちろんリーチザクラウンのように動く馬ばかりではありません。毎週追い切りを重ねても、橋口調教師が想定する時計や動きまで至らないこともあります。

「そんな時は見切り発車(笑)。競馬を使って馬体が絞れることや走ることに気持ちが向くことを期待するよ」ということなので、橋口厩舎の場合は調教欄の時計が遅い場合は初戦向きではないと判断した方がよいでしょう。

レース後から2戦目まで

新馬戦は後の皐月賞馬アンライバルドに負けてしまったので、次走は未勝利をどこに使う

■橋口厩舎の1週間調教メニュー　※牡馬の場合

曜日 \ 競馬	土曜競馬	日曜競馬	週末競馬なし
月曜	全休日	全休日	全休日
火曜	DW1周→坂路	DW1周→坂路	DW1周→坂路
水曜	追い切り	坂路1本	追い切り
木曜	常歩(なみあし)運動	追い切り	常歩(なみあし)運動
金曜	坂路1本	常歩(なみあし)運動	坂路1本
土曜	競馬	坂路1本	坂路1本
日曜	厩舎回りの引き運動	競馬	坂路で4F55〜56秒馬なり

水曜、木曜の追い切り以外にも、火曜、金曜、土曜、日曜などに調教は行なわれているが、15-15よりも遅い調教は調教欄に掲載されない。

■2008年11月16日　2歳未勝利（1番人気1着）出走時　中2週

```
⑧リーチザクラウン〔軽快な動き目立つ〕  ↗
08.10 栗坂良    1回 52.7 38.2 24.7 12.3  馬なり余力
小牧 ■栗坂良    1回 52.7 38.2 24.7 12.3  馬なり余力
助手  9栗坂稍   1回 57.9 43.1 28.4 13.7  馬なり余力
武豊 13栗坂良   1回 51.7  ―   ―  12.5  馬なり余力
ラベ(古1000)一杯を0.2秒追走0.6秒先着
```

中2週のローテーション。9日（日）に15-15を消化して、レース週の13日（木）に追い切りを行なっている。

第2章 調教の基礎知識

かということになってきます。

「うちの場合はレース直後の3日間は厩舎回りの引き運動だけで、時計を出さないというのが鉄則」というのが橋口厩舎のレースを使った後の調教メニューです。

ここで気になったのは2週間は調教時計を出さないということは、中1週で使う馬は時計を出さないで使うことになるのでは？

「もちろん中1週で使う場合にはレース週に時計を出すから、この鉄則に反するね（笑）。だから中1週というのはあまり使いたくないんだよ」と説明してくださいました。特に外国産馬は「○混」で適当なレースがなくて、このレースを使わなければ、今度は1ヵ月以上も間隔が空いてしまう、といった競走条件に縛られた出走を余儀なくされているケースが多くあります。

やはり厩舎の基本となる調教パターンが崩れた場合にはいろんな心配事があるようで、橋口調教師も中1週で使う馬に関しては「馬体重が維持できていれば」などといった条件付きでその馬を評価することが多くなります。

ローテーションに関してはそれぞれの厩舎で得意とする間隔が必ずあります。それは偶然ではなく、このような確立された厩舎の調教のリズムによって発生するものです。

リーチザクラウンの場合は、厩舎の調教リズムに沿う形で中2週での出走となりました。その調教内容も基本に忠実な日曜に15－15の時計を出して、レース週に本追い切りを消化するという形で未勝利戦を勝ち上がっています。

外厩とトレセン

「使ったら放牧」が主流の時代

「放牧」という漢字は、広大な大地に自由気ままに放しておくという意味ですが、現在の競馬で使われる放牧という漢字の意味は違ってきています。

現在の放牧とは「トレーニングセンターに在籍していない」という意味であって、放牧先で調教を積んでいます。もちろんトレセンに在籍しているよりも調教の内容自体は軽いものですが、一般的にイメージする放牧とは遠くかけ離れています。

なぜ放牧が放牧でなくなったのか？　それは現代の競馬体系が大きく影響しています。

まず第一に勝利数や出走回数を増やすことで管理できる馬の数が増えるメリット制の存在です。各厩舎が管理できる馬房数上限は基本的に20です。しかし年度ごとにある一定の成績

第2章 調教の基礎知識

を残せば、馬房数を増やすことができます。これがメリット制度です。

出走回数を増やせば、勝ち星が増える可能性も高くなります。そこで登場したのが「外厩」と呼ばれる牧場の存在です。外厩とはビッグレットファーム鉾田やグリーンウッド・トレーニング甲南馬事公苑、宇治田原優駿ステーブルなど、トレセン近郊にある調教施設が完備された牧場のことで、トレセンに近い調教を行うことができます。

競馬を使った馬は基本的に中3週ほど間隔を空けて、次の競馬を使います。中3週は日数で言えば、ほぼ1ヵ月近くあるので、その間は出走することのない馬房ができてしまいます。この馬房を効率よく使うために外厩を利用するわけです。

一度競馬に使っているので「現状維持」であれば、外厩の施設で十分に調教できます。そしてレース出走の10日前にはトレセンに帰厩して競馬を使う(日本中央競馬会競馬施行規程の第91条に「入厩の義務」として記載)というサイクルです。

そして第二は使いたいレースに思うように使えないこと。例えば500万下の芝1200mで6着だった馬が中2週で同じ距離に使いたいとします。しかし6着では次走への優先出走権が発生しないため、使える保障はありません。というよりも3週先のメンバーを想定したら、優先出走権を持った馬と中3週以上の間隔をあけて使ってきそうな馬でフル

ゲートは確実。ならばもっと間隔をあけるしかないということで中2週で使いたかった馬が中3週、中4週で使うということで「間隔をあけないと使えないスパイラル」になっています。ここで「どうせ使えないなら」ということで外厩へ出して、間隔をあけて外厩で待機させておいた馬と入れ替えるという外厩を利用した厩舎経営になります。

これは馬主側の立場にとっても好都合です。どうせ競馬に使えないなら、預託料の高いJRA厩舎よりも少しでも安い外厩に移動している方が良いからです。

このような現代競馬の体系がJRA厩舎と外厩の関係を密接にし「競走で疲れた馬体を癒す」「出走態勢を整える」放牧になっているのが現状です。これにより調教欄には少し異変が表れています。

それは間隔があいているにも関わらず調教本数が多くないという現象です。間隔があいているとはいえ、その間は外厩に出ています。その外厩先での調教というのは調教欄には記載されませんから、その分がまるまる抜けているということなのです。

外厩での乗り込みを過信してはいけない

この調教欄における本数の減少について、ディープな馬券ファンは「放牧先で乗り込んだ

第2章　調教の基礎知識

■2009年4月18日　マイラーズC（2番人気6着）出走時　中5週

```
⑥ヒカルオオゾラ〔馬体充実目を引く〕        (→)
06.12ﾗ,DW不      81.2 66.4 52.5 39.0 12.1 ⑧馬なり余力
助手 ■ CW稍     82.7 67.6 52.6 38.7 12.2 ⑧強目に追う
助手  1栗坂良    1回 63.2 45.5 29.4 14.8    馬なり余力
助手  2CW良     82.8 66.6 51.7 37.8 12.3 ⑨馬なり余力
助手  5栗坂稍    1回 57.9 42.7 28.1 13.8    馬なり余力
助手  9DW良     81.5 66.0 51.2 37.6 11.5 ⑨末強目追う
エイティフロー（古1000）一杯の外追走0.2秒先着
助手 12栗坂良    1回 55.9 40.1 26.1 13.0    馬なり余力
助手 15DW不     80.8 65.2 51.7 39.0 12.3 ⑨馬なり余力
ティズインパルス（古1000）一杯の外追走0.2秒先着
助手 17栗坂稍            59.2 43.9 29.2 14.3    馬なり余力
```

3月7日の武庫川Sを勝った後、グリーンウッドへ短期放牧。帰厩後の調教本数は多かったものの、ほとんどが馬なりの調教だった。

から大丈夫」という認識をされているのではないでしょうか？　しかし実際にどの程度の調教を行っているかを知ることはできませんし、ま333その調教内容がどの程度の負荷であるかということも分かりません。

また外厩に出ているけど、調教本数は標準程度あるから大丈夫だろうという過信もいけません。私自身が失敗した例としては、2009年マイラーズCで2番人気ながら6着に敗れたヒカルオオゾラです。この馬はいつも調教で素晴らしい動きを見せており、そのスピードは重賞級という先入観がありました。ですから休養明けの武庫川Sを勝った時は「今年の安田記念はこの馬」と決め付けていました。

武庫川S後、その姿をトレセンで探しても見

当たりません。そうです、池江寿厩舎にはよくあるグリーンウッドへの短期放牧へ出ていたのです。そして帰ってきたのが3月31日、レースの17日前です。この時点で「大丈夫かな?」という気持ちはあったものの、その翌日から坂路で時計を出し始めて、1週前の追い切りも抜群の動き。結果的に調教本数も多く仕上がりました。これでweb競馬王での本命は決定しました。

しかし気になっていたのは馬なりの最終追い切りでした。いわゆる「仕上がっているから息を整える程度」ということだと思いますが、重賞ってそんなに甘くないんですね。しかも中間は外厩での調教です。つまり中身が出来ていなかったのでしょう。

やはりトレセンでの調教がモノを言う

まったく同じような状況で惨敗したのが、2009年の皐月賞で単勝1・7倍の支持を受けながら14着だったロジユニヴァースです。

無傷の4連勝での出走でしたが、前走弥生賞後に山元トレセンに放牧に出ていました。3月20日に美浦へ戻っており、その後は順調に調教を積んでいますが、詳細を見てみると常に速い調教時計が多いこの馬にしては珍しく遅い時計ばかりです。しかし1週前の立ち写真を

第2章　調教の基礎知識

■2009年4月19日 皐月賞（1番人気14着）出走時　中5週

```
①ロジュニヴァース〔馬体気合共に絶好〕（↗）
09.2ﾃｽﾄ南W稍      62.2 49.9 37.7 13.5 ⑤一杯に追う
横典 ■美坂重   1回 47.9 35.8 24.4 12.6   馬なり余力
助手 1南W稍   83.6 68.7 54.2 40.0 13.3 ⑧馬なり余力
パルジファル（古1000）馬なりの内追走0.2秒先着
助手 8南W良       69.3 52.4 38.2 12.4 ⑧強目に追う
ベルスリーブ（古1000）強目の内追走0.1秒先着
助手12南W良       71.3 55.4 40.1 12.5 ⑧強目に追う
横典15南W重       64.6 50.1 38.0 12.9 ⑨馬なり余力
17美坂1回 ―  ― 14.8なり 18美坂 ― 43.3 14.3なり
```

3月8日の弥生賞を勝った後、山元トレセンへ短期放牧。弥生賞の中間は「一杯」で好時計を出していたが、皐月賞の中間は「強め」までしかなく、時計も69.3ともの足りなかった。

見ても細く映る馬体で納得、速い時計は出せないのだろうと思いました。

最終追い切りこそ、速い時計が出ましたが、一杯に追えば弥生賞の1週前で南W5F62・2秒という時計が出ます。それに比べると、やはり「馬なり」の仕上げであることには違いないのです。この調教内容で激流となった皐月賞での好走を求める方が酷です。

別に2009年の皐月賞だけが厳しい流れだったとは思いません。やはりGIともなれば流れが厳しくなるのは当然だと思います。そういったレースこそ調教が重要になってくるわけですから、トレセンでの調教がモノを言うと思いますし、たとえ放牧に出ていてもどのような追い切りを行っているかということを確認する必

要があるでしょう。

第3章

調教欄の解読方法

ローテーションと本数の関係

ローテーションに対する適正本数

「競馬まで何週間あるか?」その何週間という表現がローテーションになります。このローテーションはプロ野球の投手が「中5日で登板」という定義と同じで、レースとレースの間に何週間あるかで「中○週」という呼び方になります。例えば「中1週」の場合は前走と次走の間がおおよそ13日間ということになります。

ではその間にどれだけの調教を行うことが理想なのでしょう?

基本的に調教欄に掲載される「調教」というのは、水曜日、木曜日に行われることが多い「追い切り」を指しています。また「15─15」と呼ばれる、追い切りよりも遅いけれど、キャンターよりは速いという趣旨の調教も調教欄には掲載されます。「中1週」の場合、大抵は前走の翌週は追い切りは行わず、その翌週、つまりレース週に追い切りを行うパターンが主流です。要するに「中1週で1本」という調教が基本になります。

しかし厩舎によっては中1週でも2本、3本というところもあります。2004年菊花賞のデルタブルースで初GⅠ制覇を成し遂げてから5年連続でGⅠを勝ち続けている角居勝彦

第3章 調教欄の解読方法

ローテーションの考え方

月	火	水	木	金	土	日	
					1	前走 **②**	
3	4	5	6	7	**8**	**9**	← 連闘
10	11	12	13	14	**15**	**16**	← 中1週
17	18	19	20	21	**22**	**23**	← 中2週
24	25	26	27	28	**29**	**30**	← 中3週

基本的な考え方

中X週なら、調教本数はX本以上が好ましい

厩舎の場合は、中1週でも4本、5本という調教欄も珍しくありません。その他では池江泰郎厩舎や松田博資厩舎といったGI常連の厩舎でも、追い切りが1本とレース前日に「終いだけさっと」という言い方をするラスト1Fだけ速い時計になる「前日追い」を行って中1週でも2本やる場合が目立ちます。

もちろんその逆もあって、中1週とレース間隔が詰まっているということで追い切りを控える厩舎もあります。美浦であれば伊藤圭三厩舎、栗東であれば川村禎彦厩舎などがこのパターンで出走させてきます。

どちらのパターンでも勝ったり負けたりがあるので、一概に良し悪しを決めることができませんが、個人的には「調教できる馬が調子が良

い」と思っているので、前者のように調教量が豊富なパターンが理想だと考えています。

休み明けの調教本数

中1週同様、中2週、中3週というレース間隔に対しては、基本的にローテーションの数の調教本数があれば良いでしょう。しかしそれ以上のローテーション、つまり半年や1年といった「牧場などでの休養」があったローテーションの場合、調教本数の場合はまた違ってきます。

基本的に中10週以上のローテーションの場合、調教本数の目安は6本です。これは放牧に出ている馬が目標レースの約1ヵ月前に帰厩することを想定しての本数です。

例えば、古馬が秋のGI路線を目指す場合、10月初めの毎日王冠、京都大賞典を目標にするのが一般的です。それらの馬はトレセンへ帰厩するのが大体9月初旬ということになります。そうすると調教時計を出し始めるのがレースの3週前で、週に2本ずつ時計を出せば約6本の調教は消化できるという計算です。

ところが厩舎によっては放牧先で十分に調教を積んでいるということで、レースの1週前から時計を出して2本もしくは3本しか調教しないケースもあります。具体的には「サラブレッドクラブラフィアン」が所有する「マイネル・マイネ」の冠名が付いた馬たちです。

第3章　調教欄の解読方法

休養明けで6本未満は危ない！

■2006年9月10日 京成杯AH（2番人気3着）出走時　中17週

```
14 マイネルスケルツィ〔追って伸び上々〕  (→)
 05.12ﾄ南W良      64.9 50.3 37.3 13.4 ②馬なり余力
 助手 ■美坂稍     2回 51.6 37.8 24.9 12.3    馬なり余力
 助手◇美坂良     2回 53.6 39.2 25.6 12.4    馬なり余力
 ------------------------------------------------
 助手27美坂良     2回 53.7 40.1 26.4 12.9    馬なり余力  ―1本
 助手31南W良     69.1 52.8 38.5 12.5 ⑥馬なり余力  ―2本
 マイネルネオス（古500万）一杯の外追走0.8秒先着
 柴善 6南W良     66.0 50.9 37.7 12.5 ④強目に追う  ―3本
 マイネルネオス（古500万）強目の外追走0.8秒先着
```

NHKマイルC以来、4ヶ月ぶりのレースだったが、調教本数は3本と少なかった。「マイネル・マイネ」の冠名の馬は、牧場である程度仕上げてからトレセンに来るため、特にこのパターンが多い。

この調教方法では2006年の京成杯AHで、当時3歳馬だったマイネルスケルツィが3着と結果は出しているので、決して悪い方法ではありません。ただ勝ってはいませんし、牧場での調教とトレセンでの調教では環境が大きく違うため、同じ調教本数を消化しても同じ仕上がり状態にはならないと思います。

私個人はトレセンでの方が、負荷の掛かる中身の濃い調教ができると考えています。その理由のひとつとして牧場の施設を挙げることもできますが、私はそれ以上に調教する人の経験や技術の差が大きいと思います。やはりトレセンで馬に携わる人たちの方が、レースが近付いてからの馬の状態、レース後の馬の状態などを含め、実際にピークに仕上がるまでの過程を熟知

しているからです。

そのような理由から休養明けの理想調教本数は「6本」であり、それ以上の調教を積むことができていれば、仕上がり状態はより100％に近いと判断できるのです。

時計が出ても安心できない

2009年3月28日の中山9Rミモザ賞で単勝1・8倍の断然人気となったピースオブラックが11着と惨敗しました。

ピースオブラックは2走前に、若葉Sを勝ったベストメンバーと0・3秒差の競馬をしていました。さらに最終追い切りでは美浦坂路で4F49・6秒を馬なりでマークしての牝馬限定の500万下出走ですから、この人気も頷けます。

出走メンバー内での実力は抜けていて、追い切りでは抜群のパフォーマンスをしたはずなのになぜ負けたのか？　それは調教欄から明らかに分かる調子の下降が敗因です。

まず寒竹賞の調教欄を見てください。新馬戦から中2週というローテーションにも関わらず、坂路での調教本数が3本あります。しかも古馬と併せて一杯に追われて51・1秒という時計をマークしています。牝馬にしてはハードな調教量ですが、この調教をこなしたからこ

第3章　調教欄の解読方法

ピースオブラックの戦績 [09年4月20日時点]
牝　美浦・石毛厩舎　父ステイゴールド　母タイキフブキ

日付	レース名	コース	人気	着順	馬体重
08.12.14	新馬	中山芝2000	5	1	482kg
09.01.04	寒竹賞	中山芝2000	5	2	476kg
09.02.22	セントポーリア賞	東京芝1800	1	3	472kg
09.03.28	ミモザ賞	中山芝2000	1	11	466kg

人気でも本数が少なければ負ける

■2009年1月4日　寒竹賞（5番人気2着）出走時　　中2週

```
⑥ピースオブラック〔1 気の伸び目立つ〕
 08.12  美坂良   1回 51.6 37.3 24.2 11.8  一杯に追う
 大野 ■美坂稍   1回 51.8 37.2 24.3 12.3  馬なり余力
 助手24美坂良   2回 58.2 42.0 27.2 13.3  馬なり余力
 助手28美坂良   2回 58.1 42.0 27.1 12.9  馬なり余力
 大野31美坂良   2回 51.1 36.9 24.1 11.8  一杯に追う
 シルクグラビティー（古500万)馬なりに0.8秒先着
```

■2009年3月28日　ミモザ賞（1番人気11着）出走時　　中4週

```
⑪ピースオブラック〔依然動き絶好〕
 09.2  美坂良   2回 49.8 36.1 23.6 11.8  末一杯追う
 大野 ■美坂良   2回 51.1 36.9 24.1 11.8  一杯に追う
 助手◇美坂良   2回 51.9 37.3 24.8 12.4  馬なり余力
 助手19美坂良   1回 55.0 39.8 26.3 13.2  馬なり余力
 蛯名25美坂良   1回 49.6 36.0 23.9 12.1  馬なり余力
```

5番人気2着と好走した寒竹賞出走時は中2週で3本に対し、1番人気で惨敗したミモザ賞出走時は中4週で2本だった。馬体重をこれ以上減らしたくないという陣営の思いが、調教の本数に表れている。

そ␣れに比べてミモザ賞の調教欄は中4週と寒竹賞よりも間隔があいたにも関わらず、馬なりの坂路調教が2本しかありません。常に牡馬相手に強烈な末脚を使っているにも関わらず、馬なりの坂路調教が2本しかありません。常に牡馬相手に強烈な末脚を使っている疲労が使う度に馬体を減らしており「これ以上減らせない」という状態から調教が軽くなったのでしょう。

しかし当日の馬体重は前走との比較で6キロも減ってしまいました。間隔をあけて、調教本数を減らしたことで馬体回復を図り、更に美浦から中山という最も近い競馬場への輸送だったにも関わらず、これだけ馬体が減ってしまったのはなぜでしょう？

一般的に牝馬は牡馬に比べて繊細な性格をしており、速い追い切りに過敏に反応して飼い葉食いが落ちることがあります。結果的に人気の要因のひとつでもあった「最終追い切りでの好時計」が馬体を減らすことになってしまったのでしょう。

調教本数で判る「引っ掛かる馬」「ズブイ馬」

引っ掛かるから控えめに

ローテーションが中3週の場合、前項までの流れで3本が標準の調教本数だということは

第3章 調教欄の解読方法

理解していただけると思います。しかし馬によっては中3週で1本しか調教がない、というように常にローテーションよりも調教本数が少ない馬がいます。それが「引っ掛かりやすい馬」です。

引っ掛かる馬というのは気性が前向きで、常に走ることに夢中になっていますから、走る気がない馬よりはレースで結果が出る可能性が高いと思います。しかし、常に全力で走るということは、それだけ燃費が悪いということになり、最終的にはガス欠の状態になってしまいます。このような馬たちは速く走ることよりも遅く走ることを訓練させられるわけですから、その調教時計は遅い方が好ましいのです。そうなるとその時計は調教欄には載らないため、中3週でも1本しか表記されないということになるわけです。

ここで重要になるのは、その1本の追い切りのラップがどうなっているかという点です。

例えばテンから速くてラストがバタバタになっているようなラップであれば、全く効果がないと判断できます。逆にテンをゆっくり入って、ラスト1Fで矢のような伸びを見せたラップであれば、前半に走りたい気持ちを制御して、GOサインを出されてから全力で伸びたと見ていいでしょう。

ただ引っ掛かりやすい馬は展開や枠順ひとつでいつ崩れてもおかしくないことを忘れては

いけません。

ズブイから目一杯

「新馬戦で10本以上、いやいや20本近くやってるで！」という調教本数を見かけることがあります。これを「初戦から全力を発揮できるように調教本数十分に仕上げてきた」などと勘違いしないでください。

こういった調教欄のほとんどは、追い切り時計が詰まってこないため「今週は速い時計が出るだろう」と言いながら、レースに使えるような満足行く追い切り時計が出ずに予定を1週延ばして、さらに「今週こそは……」と再び速い追い切りをやって、また満足できる時計が出ないという状況が重なった結果の調教欄です。つまり気持ちが走る方へ向いていないズブイ馬なのです。やはりこういった馬は「走る気持ち」のスイッチを押してあげないとレースでも全力を出し切ることは難しいでしょう。

ズブイ馬かどうかは追い切りの時計を見れば一発で分かります。例えば栗東坂路なら通常の馬場状態で一杯に追われても55秒を切れないような馬はズブイかスピードの絶対値が足りない馬です。もちろん調教をやり始めた段階であれば「初めてだから」「太いから」などと

第3章　調教欄の解読方法

ダート馬の調教欄

■2008年2月24日 フェブラリーS（1番人気1着）出走時

中3.3週
前走
川崎記念

```
15 ヴァーミリアン〔この一追いで良化〕              →
05.5ぶ栗坂良    1回 50.3 37.1 24.9 12.8    一杯に追う
助手■栗坂良    1回 52.9 38.9 26.3 13.6    一杯に追う
助手◇栗坂不    1回 57.9 41.5 26.9 13.5    末一杯追う
- - - - - - - - - - - - - - - - - - - - - - - - - - - -
助手 6栗坂稍   1回 60.8   ―  30.0  ―    馬なり余力
11栗坂2回63.9 46.0 14.9なり 11栗坂  63.2   ―  ―なり
助手13DW不    90.6 74.2 59.4 45.0 14.6 ⑧馬なり余力
助手14栗坂重   1回 52.5 38.4 25.8 13.3    一杯に追う
助手17CW重   89.2 74.0 59.8 45.4 15.7 ⑦馬なり余力
助手19栗坂稍   2.  62.3 45.5  ―  15.3    馬なり余力
助手20栗坂稍   1回 52.1 38.8 26.3 13.6    一杯に追う
```

20日に行なわれた坂路調教のラップは13.3秒→12.5秒→12.7秒→13.6秒と、2ハロン目が最も速かった（ラップは52.1-38.8=13.3のように計算する）。

芝馬とダート馬

調教ラップの踏み方の違い

芝を得意とする馬、ダートを得意とする馬によって調教時計のラップの踏み方が違う、と気付いたのは、音無調教師のこの一言がきっかけでした。

「ヴァーミリアンはダートであれだけ強い競馬ができるのに、芝ではそこまで結果が出なかったやろ。それは坂路での動きを見ていたら納得できるんやで」

いった理由がありますが、何本も調教を重ねているのに一向に時計が詰まらない場合はズブイ馬だと判断してよいでしょう。

芝馬とダート馬の調教ラップ比較

■新馬戦勝ち馬の坂路でのラップ

	坂路4F	1F目	2F目	3F目	4F目
芝	08.10.25	オオトリオウジャ	7番人気1着	単勝1870円	複勝490円
芝	**53.2**	15.3	14.0	12.2	**11.7**
芝	08.12.21	シルクマイホーム	10番人気1着	単勝3530円	複勝1040円
芝	**56.3**	15.2	14.6	13.5	**13.0**
ダート	09.02.21	スマートタイタン	4番人気1着	単勝840円	複勝360円
ダート	**53.8**	13.9	13.5	**12.8**	13.6
ダート	09.02.28	ショウサンウルル	5番人気1着	単勝1070円	複勝310円
ダート	**56.5**	14.1	**13.4**	13.5	15.5

レース経験のない新馬でも、調教ラップを見れば芝向きかダート向きかがわかる。
ショウサンウルルは次走芝重賞で惨敗した後、再びダートで穴をあけた。

2008年のフェブラリーSの週にヴァーミリアンが追い切りで終いバタバタのラップを踏み、音無調教師にその追い切り内容について解説を求めたところ、この会話に至りました。

「2F目が一番速いラップであとは遅くなる一方やろ。最後の1Fが一番遅いから見た目にも全く動いてないように思えるよな。けどダート競馬っていうのはテンに加速するスピードがないと強くなれない。ダートで後方一気の競馬なんてほとんどないから」

つまり芝とダートでは加速するポイントが違うため、そのどちらに適性があるかは調教のラップの踏み方で分かるということなのです。

調教ラップの違いを理解していれば芝の新馬戦、ダートの新馬戦でどの馬が好走できるか

第3章　調教欄の解読方法

調教馬場の運動効果

うか、調教欄を見れば一発で判別できます。表には人気にならなかった馬ばかりを抜粋しましたが、ショウサンウルルの追い切り時計を見てみましょう。当時は坂路の馬場が重く、時計自体が掛かっていたので4Fで56・5秒、ラスト1Fが15・5秒ともなれば人気にならないのは納得です。しかし特筆すべきは2F、3F目の13秒台のラップです。これだけ重い馬場でも加速するスピードに優れていたため、ハナを奪って逃げ切る競馬ができたのでしょう。

坂路調教は瞬発力の源

スタート地点からゴールにかけて傾斜が大きくなるのが坂路馬場の特徴です。この傾斜を駆け上がることで平地での調教よりも、脚力が鍛えられることは想像に難くないと思います。

また坂路馬場は全長がトラック馬場に比べて短いため、スタートしてからすぐにトップスピードに入る準備をしないといけません。この運動方法が人間の短距離走や重量上げといった種類の運動に似ているので「坂路調教は無酸素運動」という捉え方ができます。よって瞬

間的なスピード、つまり瞬発力を鍛えるには最適な調教だと思います。スローペースのレースが目立ち、上がり3Fだけの競馬が目立つ近年の競馬においてはこの坂路調教で鍛えられた瞬発力が非常に重要な意味を持っています。

立ち回りが自在なトラック調教

ここで記すトラック調教とは円形馬場での調教を指しています。全長距離が短い坂路とは違って、円形になっているトラックでは自然と運動量が多くなります。

もちろん全周を全力で走るということはまずないので、坂路調教とは逆にトップスピードに入れるまでの時間が長くなります。この間に行われる運動方法が人間のジョギングに似ているので「トラック調教は有酸素運動」という捉え方ができます。オーバーな表現をすると呼吸をしながら走るということなので、馬自身もゆとりを感じながら走ることができるため、トラック調教によって折り合い面での進境を期待することができます。

またコース形状が競馬場と同じ楕円ですから、コーナーを上手に回るトレーニングにもなります。よって折り合いが重視され、平均ペースで流れるようなレースになれば坂路調教馬よりも優位にレースを進めることができます。

第3章　調教欄の解読方法

七冠馬を撃破した併用調教

■2001年10月28日　天皇賞秋（4番人気1着）出走時　　中2週

```
⑩アグネスデジタル〔シャープな脚捌き〕      (→)
 01.10ｻﾄ DW良   82.0 65.6 52.1 39.0 12.6 ⑨叩き一杯
 助手 ■ DW良   82.0 65.6 52.1 39.0 12.6 ⑨叩き一杯
 助手21栗坂      2回 53.5 38.6 25.1 12.4   末一杯追う
 助手24DW重     83.1 67.1 53.1 39.6 12.9 ⑨一杯に追う
```

白井調教師は本質的にはマイラーのアグネスデジタルに併用調教を課し、道中の折り合いと直線でのキレ味に磨きをかけた。中長距離の最強馬テイエムオペラオーを敗ったことで、距離の壁も調教次第で克服できることを証明した例といえる。

理想の調教＝併用調教

坂路調教とトラック調教、両方の調教をほぼ同じ割合の本数取り入れた調教が併用調教になります。坂路で瞬発力を鍛え、トラックで折り合いとコーナーリングを鍛えることができるので、理想的な調教と表現してもよいと思います。

例えば直線の長い東京競馬場ではバックストレッチが長いので、坂路調教だけであれば折り合い面に不安が残ることもありますが、トラック調教を併用しているとバックストレッチで無駄な力を使う必要がありません。逆にトラック調教だけになってしまうと、ホームストレッチで直線半ばあたりにある坂付近での瞬発力比べになった時にどうしても坂路調教馬の無酸素運動能力が劣ってしまいます。

2001年の東京競馬場で行われた天皇賞秋ではその

レースまでにGIで七冠という絶対的な強さを誇ったテイエムオペラオーをアグネスデジタルが大外から差し切るという離れ業を演じました。アグネスデジタルの調教内容は、坂路でもDWでも目一杯に追われるという併用調教で鍛えられていました。この調教内容がアグネスデジタルに強靭な末脚を使わせたのです。

調教の強さ

馬なり、強め、一杯とは？

調教欄には調教時計の数字が並んだ最後に「馬なり」「強め」「一杯」といった表記が並んでいます。これは騎乗者が馬に対して、どれだけの強さで追ったか？ということを示しています。

馬なりはステッキで叩かないことはもちろん、手綱を動かすこともほとんどない、馬の気のままに走らせたという状態を示します。強めはしっかりハミを掛け、手綱をしごいて、しっかり馬を走らせる状態のことを指しています。そして一杯はステッキで叩くことも含めて、目一杯に追われている状態のことです。

60

第3章　調教欄の解読方法

この強さへの判断は各紙の調教担当トラックマンが見た目で判断しているので、確固たる線引きまではありません。よって新聞によっては同じ馬の調教でも馬なりで表記されている場合と強めで表記されている場合の違いはあります。ただし馬なりと一杯ともなれば、前記説明したように騎乗者の動作に大きな違いがあるので、新聞によって違いはほとんどないと思ってください。

馬なりなのか？　一杯なのか？

騎乗者がどのような強さで追ったかを「調教の強さ」として説明しましたが、もちろん馬自身の走っている状態、余力が残っているかどうか（脚色と呼ばれることもある）もその馬への調教の強さを考えることができます。

普通、馬なりの強さであれば、馬にも余力があるので、「馬なり余力」と表記されますが、馬なりの強さでも馬自身に余力がなく一杯の状態であれば、「馬なり一杯」と表記されます。この場合、この調教が馬なりなのか、一杯なのかということですが、調教は「馬がどのような運動をしたか？」ということが重要なので、馬が一杯の状態であれば、馬なり一杯の表記は一杯に調教したという判断でよいでしょう。

また競馬ブックでは「一杯に追う」と「追って一杯」という2種類の一杯があります。一杯に追うは騎乗者が一杯に追っているので馬の状態までは分かりません。ただ一杯に追われて一所懸命走らない馬はほとんどいないので、これは一杯という判断です。追って一杯は追っただけで馬が一杯になってしまったということですが、これが調教の強さの中では最も負荷の掛かる調教です。騎乗者も追っているし、馬も一杯になっている、まさに目一杯の調教ということです。

馬なりを信頼すると痛い目に遭う

強さにはいろいろな種類があることを理解していただけたと思いますが、最も分かりやすいのが馬なりです。馬のスピード任せに調教するので、騎乗者はただ乗っているだけというイメージです。

ところが実際の競馬で馬なりのままゴールするというのはどうでしょう？ 稀に新馬戦や未勝利戦でスタートしてハナを切って、そのままスピードの違いで馬なりの逃げ切りはありますが、重賞やGIといった上のクラスで馬なりでゴールというのはないでしょう。

その典型例が2007年のきさらぎ賞で単勝1・3倍の圧倒的人気に支持されたオーシ

第3章　調教欄の解読方法

「追ったらどれだけ伸びる？」は危険

■2007年2月11日　きさらぎ賞（1番人気4着）出走時

```
⑥オーシャンエイプス〔抜群の動き〕           中2週
07.1 栗坂重       1回 50.6 37.0 24.7 12.4  強目に追う
武豊 ■栗坂重      1回 50.6 37.0 24.7 12.4  強目に追う
助手31栗坂良      1回 56.3 40.6 26.9 13.6  馬なり余力
武豊  7栗坂良      1回 52.1 37.3 24.0 12.0  馬なり余力
ラッキーリップス（古500万）一杯に0.5秒先行2.4秒先着
```

馬なりで4F52.1、終い1F12.0という速い時計を出し、単勝1.3倍に支持されたが、直線伸びずに4着に敗退した。レースの格が上がるとそれだけタフな流れになるために、馬なりの調教だけでは厳しくなる。

ャンエイプスです。新馬戦を2着に1・3秒差つける圧勝、その上、きさらぎ賞の最終追い切りでは古馬と併せて2秒以上の先着をして4F52・1秒、1F12・0秒を馬なりで走るという文句ないパフォーマンスを見せました。

「追ったらどれだけ伸びるのだろう」

そんな想像をさせるのが馬なりなのです。しかし実戦では好位置につけるも、伸び切れない競馬で4着に敗れました。

馬なりで速い時計を出すとそれだけで人気の要因となってしまいますが、格の高いレースになればなるほど、それが死角になってしまうことは覚えておいてください。

調教タイムの見方

「速い時計に騙されるな」はもう古い

調教タイムについて「追い切りで速い時計が出ても、調教した時間帯や馬場状態、騎乗者によって全く違うのだから、決して騙されてはいけない」と警告めいた発言をする人がいます。確かに私自身も調教の分析を始めた当初はその類の人間でした。しかし実際に調教のデータを収集して、その分析を進めていけば、この言葉が「時代遅れ」だということがよく分かります。

例えば2008年の毎日杯で2着したゴールデンチケットを見てください。レース週の追い切りは3月25日でしたが、表にあるように追い切り時計の52・2秒はこの日のベスト5に入る好時計でした。この時計を評価して馬券を買う人がいるとすれば、12番人気という低評価はないでしょう。つまり「速い時計に騙されている」ファンはいないわけです。逆に「速い時計が出たからって意味ないでしょ」的に評価を下げているのではないかと思います。出走したのはスプリント戦の高松宮記念ですから、坂路で速い時計を出したことは評価されて

第3章　調教欄の解読方法

坂路時計は要チェック

■2009年3月25日栗東坂路4F時計　ベスト5

コース	4F時計	レース	人気	着順
コスモベル	50.6	高松宮記念	12	5
トウショウカレッジ	51.0	高松宮記念	10	4
エスポワールシチー	51.9	マーチS	1	1
フラワーウィンド	52.1	出走なし		
ゴールデンチケット	52.2	毎日杯	12	2

坂路で好時計を出すと人気になると思われるかもしれないが、意外にそうではない。大抵の競馬専門紙には「一番時計」や「ベスト5」が掲載されているので、一度チェックしてみよう。

毎日杯12番人気2着のゴールデンチケットは「調教適性」から見ても買える馬でした!

※調教適性については第7章で詳しく解説します。

■2009年3月28日　阪神10R　毎日杯　芝1800m

■素質開花の時
阪神芝1800m外回りで行われる毎日杯になってから3年目.
2007年
1着標準トラック主体
2着標準多め坂路
3着標準多めトラック
2008年
1着標準多め併用
2着乗込坂路
3着標準多め坂路
ということで標準多めが大活躍しています.阪神芝1800mの重賞,鳴尾記念でも標準多めが好走していることを思えば,この調教傾向はかなり信頼できるでしょう.これに文句なし該当するのがゴールデンチケット.新馬デビュー前には52.0秒と破格の時計をマークしていた快速馬がようやく重賞の舞台で活躍する時がやってきました.
◎12ゴールデンチケット
△14アイアンルック
△10ワイドサファイア
△6スリーロールス

web競馬王「調教Gメン」より

も不思議ありません。しかし12番人気、10番人気ということは人気の対象になっていないのでしょう。

ゴールデンチケットはあわや初重賞制覇になろうかという2着で複勝1040円という配当を演出しましたし、トウショウカレッジは3着とハナ差の4着ということで好勝負を演じています。

この3月25日だけに限らず、最近の栗東坂路で速い時計を出した馬は人気になっていないのに結果を出しています。よって今の坂路で時計を出す馬は非常に分かりやすい穴馬ですから、人気がなければ騙されたと思って買ってみることをおすすめします。

トラックは4コーナーの位置が重要

坂路馬場の場合はほぼ直線の形状なので馬場の内を通るか、外を通るかでの距離差はさほどありませんが、トラック馬場の場合は内か外かで非常に大きな差があります。

しかも追い切りの場合は4コーナー付近で最もスピードが乗ってくるので、通る位置は重要になります。それは実際にトレセンで追い切りを見るとよく分かりますが、併せ馬をしていて1秒以上も前を走る馬がいても、4コーナーで内を回れば、あっという間に前に追い

第3章　調教欄の解読方法

つくことができます。例えばCWで6F82・0秒という時計でも通った位置が「5」なのか、大外の「9」なのかでその価値は全く違うものです。

また内を通るか外を通るかは道中の手応えで決められることがあるので、外を通るということは道中を手応え良く走っていたという見方ができます。これは美浦も栗東もトラック馬場であれば同じです。ですから前記例えでは、圧倒的に「9」を評価すべきでしょう。

併せ馬の意図

競うことを覚えさせる

馬は元来、集団で行動し、ボス的存在の馬がいれば、その馬の後をついて走るという習性があるため、先頭の馬を抜くという闘争心はありません。よって人間、騎乗者が指示を出せば抜かないといけないということを教え込んでいかなくてはいけません。

現在では牧場での育成技術が発達しているため、ほとんどのトレセン入厩馬が教育されています。しかし基本的には「競う」という性格ではないので、闘争心に磨きをかけるという意味合いのひとつに併せ馬があると言えるでしょう。

併せ馬はメントレ

自分自身が調教されている馬と思ってください。一人で走るのと誰かと並走するのであれば、どちらがプレッシャーになるでしょう？　圧倒的に並走する方がプレッシャーの掛かる走り方になりますよね。馬も全く同じで、併せ馬をすれば、それだけのプレッシャーを感じながら走ることになります。

調教はあくまでトレーニングなのだから、あえて精神的に負担になるようなプレッシャーを掛ける必要がないという考え方もあるでしょう。しかし実際のレースになれば、並走する以上のプレッシャーの中で、馬群に揉まれて走らなければいけないこともあります。その訓練を日頃から行っているのと、プレッシャーのない状態で気楽に走っているのとでは大きな精神的な強さに違いが出てきます。

美浦は内から栗東は外から

美浦と栗東では併せ馬のスタイルが違います。

美浦の場合は併せ馬といっても先行する馬が1秒ほど先に行って外を回り、その距離ロスがある間に追走馬が内を回って外を回っている馬に追いつくという流れが多いように思いま

競馬王新書
KEIBAOH SHINSHO

競馬王
偶数月8日発売
◎白夜書房

毎週末に無料配信中!!
空メールで早速登録しよう!!

競馬王メルマガ
mm@keibaoh.com

第3章　調教欄の解読方法

す。この際、内から追走する馬も目一杯に追うことはなく、外の先行馬がある程度のスピードコントロールをしながら、ゴール板で同入させるというイメージです。

栗東の場合は向正面からしっかり鼻面を揃えて併せて走り、残り3F地点から互いに手綱をしごき合いながら、直線では一杯に追われてゴール前では先着遅れの差がつくというイメージです。

この表現で分かっていただきたいのは、どちらがより競馬に近い走りになっているかということです。道中は折り合いを気遣いながら、勝負どころから仕掛けて追い比べをする栗東の方がより実戦に近いと思います。ここでの「競馬」というのは現代に起こりやすいスローペースでの競馬を指しています。瞬発力比べでゴール前で他の馬と追い比べすることでは栗東の馬の方が日頃から鍛えられているのではないかという意味です。

逆にハイペースになれば、道中で馬群が密集することもなく、ゴール前でも一頭が一頭を追いかけるような展開になります。こんなレースになれば、先行する馬をうまく立ち回って抜き去るという美浦の追い切りのイメージが合います。実際に有馬記念ではシンボリクリスエスやマツリダゴッホといった美浦所属馬が、まるで追い切りのように前を捕まえてゴールで先着しているレースぶりを見せてくれます。

混戦模様の09年天皇賞春は、「併せ馬先着」に注目すれば獲れた!

■2009年5月3日　京都10R　天皇賞春　芝3200m

■決め手は前向きさ

過去5年の天皇賞春で連対した10頭のうち、標準多め坂路か標準多め併用でなかったのは標準トラックのディープインパクトだけ、つまりそれ以外の馬はみな調教本数多く坂路もしくは併用調教していたわけで、非常に運動量が必要なレースになりました。この傾向はもちろん続くと思うので、まずはフィルターとして「標準多め坂路」か「標準多め併用」を挙げておきます。しかし今年の出走馬では該当馬が多いので、まだフィルターが必要です。そこで注目したいのがレース週の併せ馬「先着」です。過去5年の「率」としては大したことがないんですが、今年と同じフルゲートだった2005年にはスズカマンボ（1着）、ビッグゴールド（2着）がどちらもレース週先着の馬でこの条件に該当していました。つまりフルゲートだと混戦になるため、レース週の併せ馬で先着しているような前向きさが必要ということ、このどちらにも該当したマイネルキッツに「栗東留学」の成果を見せてもらいたいと思います。

◎2マイネルキッツ
△17 7サクサキングス
△4 アルナスライン
△12 ドリームジャーニー

web競馬王
「調教Gメン」より

3連単22万1080円も たったの6点で的中!

着	馬名	調教タイプ	併せ馬	人気
1	❶②マイネルキッツ	標準多め併用	先着	12
2	❷④アルナスライン	一杯平均坂路	先着	4
3	❻⑫ドリームジャーニー	標準多め坂路主体		5

単勝/4650円　複勝/870円 270円 370円　枠連/3520円　馬連/10200円
ワイド/2690円 4370円 1360円　馬単/22530円　3連複/32390円　3連単/221080円

詳しくは第8章「京都芝3200m」のページに書いていますが、重賞勝ちの実績がなくても坂路とトラックを併用して本数多く調教を積んでいれば好走できるくらい「調教適性」が重要なレースが天皇賞春。栗東留学したおかげで馬体減の心配なく、目一杯に調教できたマイネルキッツにとっては適性十分でした。そして3コーナーから4コーナーでの動きはまさに併せ先着の前向きさが出たレース内容だったと思います。

第4章

調教馬場の特徴

中央競馬に所属する競走馬は、茨城県にある美浦トレセンと滋賀県にある栗東トレセンで調教されます。トレセンには様々な調教馬場があり、目的によって使い分けられています。
この章では、それぞれの調教コースの特徴を見ておきましょう。

美浦トレーニングセンター

■美浦 南馬場Aコース(南A)

1周が1370mのダート馬場です。現在、このコースを使って調教されている馬はほとんどいません。その理由として考えられるのは周回距離の短さでしょう。1370mは平地の調教として使用される中で最も短い距離です。

距離が短いということはそれだけ運動量も少なくなります。また他の競馬場のダートコースでも周回距離は1400mを超えており、小回りすぎることが現在の調教で利用されていない要因だと思います。ただ小回りのメリットを活かしたタイトなコーナーリングから加速する調教は魅力です。

例えば福島ダート1000mや小倉ダート1000mといったタイトなコーナーリングが

第4章　調教馬場の特徴

美浦トレセン・南馬場

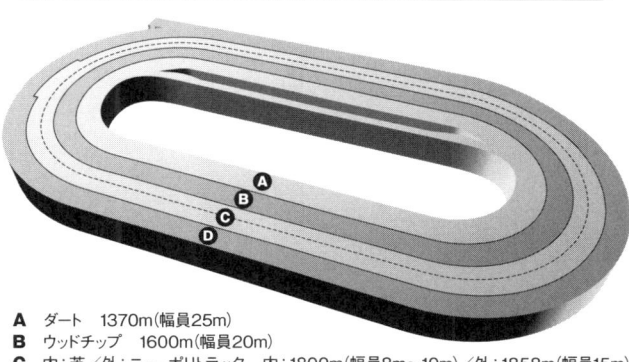

- **A** ダート　1370m(幅員25m)
- **B** ウッドチップ　1600m(幅員20m)
- **C** 内：芝／外：ニューポリトラック　内：1800m(幅員8m〜10m)／外：1858m(幅員15m)
- **D** ダート　2000m(幅員20m)

必要となる競走条件では有効な調教でしょう。

■美浦 南馬場Bコース(南W)

1周が1600mのウッドチップ馬場です。円形でウッドチップが敷かれている唯一の調教馬場ということもあり、美浦で最も利用されている調教馬場です。

この馬場で行われる調教は5F(1000m)で計測されることが主流ですが、その基準となる時計は66秒前後です。

基準をはるかに上回る64秒以下の時計を馬なりで出すような馬はスピード能力が非常に長けている馬です。その代表が関東馬牝馬と言われる近年のGIで4勝を挙げたダイワメジャーで、同馬は常に62秒前後の時計を出していました。

〈南W追い〉は5F64秒以下に注目！

■2008年8月31日 新潟記念（16番人気1着）出走時　中6週

11 アルコセニョーラ〔元気一杯〕						
06.10 ﾄ 南W良	80.0	64.6	51.2	38.6	13.3	①強目に追う
中舘 ■ 南D良		67.9	53.3	39.6	12.3	⑧馬なり余力
助手 ◇ 南W良			49.9	36.5	12.9	①G前仕掛け
助手 7 南W良				39.6	12.7	①馬なり余力
助手17 南W重			53.3	37.7	12.2	①馬なり余力
助手21 南W稍			50.5	36.2	12.5	①馬なり余力
武士27 南W良	79.3	63.7	49.9	37.0	13.8	③一杯に追う

南Wでの基準タイムは5F66秒で、64秒を切っている馬は積極的に狙うべき。27日のアルコセニョーラは5F63.7秒の好時計を出していたのにも関わらず、18頭立ての16番人気だった。

他には2008年の新潟記念を16番人気で勝ったアルコセニョーラがこの馬場で5F64秒を切った好時計を出していました。通った位置取りや馬場状態など難しいことは考えず、5F64秒という時計を出している馬が人気薄なら積極的に狙ってください。

■美浦 南馬場Cコース・芝（南芝）

Cコースの内柵側に位置する1周1800mの芝馬場です。天候不良によりBコースのウッドチップが重たく時計が掛かるような状況で、その代替として多く利用されています。

頻繁に利用する厩舎としては藤沢和雄厩舎があります。天皇賞秋で2004年（2着・複勝1030円）、2005年（3着・複勝970

第4章　調教馬場の特徴

〈南芝追い〉は左回りの芝で爆発!

■2004年10月31日 天皇賞秋（13番人気2着）出走時　中1週

```
④ダンスインザムード〔落ち着き出る〕→
04.3ｽﾄ南芝良        63.8 50.1 37.1 12.1 ⑤馬ナリ余力
助手■米ダ                 53.2  ―   ―   馬ナリ余力
武豊◇南W不         64.5 50.5 37.8 12.5 ⑤馬ナリ余力
美浦プール 10月21日
助手26美坂重    2回       42.7 28.3 14.2  馬ナリ余力
鹿戸27南芝不        73.3 56.9 42.1 13.2 ③馬ナリ余力
シェルゲーム（古ｵｰﾌﾟﾝ）馬ナリの内先行3F付同入
助手29南芝良        73.8 58.5 44.0 14.1 ⑤馬ナリ余力
シェルゲーム（古ｵｰﾌﾟﾝ）馬ナリの内追走0.2秒遅れ
　秋華賞からの中1週だけに、シェルゲーム、
ゼンノロブロイに先行して馬ナリの調教。落
ち着いているし、トモに丸みもある。
助手30美坂良               40.8 27.0 13.8  馬ナリ余力
```

■2008年11月15日 京王杯2歳S（14番人気1着）出走時　中5週

```
②ゲットフルマークス〔動きキビキビ〕→
三浦■札芝良        65.4 50.0 35.5 11.6 ③一杯に追う
武英◇札芝良        65.5 49.9 35.0 11.6 ③G前仕掛け
美浦プール 10月24日  11月 6日 2周
*助手 5南W良             54.5 39.6 12.6 ⑥一杯に追う
ギンゲイ（古1000）一杯の内0.1秒遅れ
助手 7美坂良    1回 59.0 42.2 27.2 13.3  馬なり余力
助手 9南P良              53.9 38.3 11.8 ⑧一杯に追う
レオソリスト（古1000）一杯の外追走0.8秒先着
助手12南芝良               51.6 37.0 12.0 ③馬なり余力
```

ダンスインザムードは27日（水）に芝で追い切って、29日（金）にも1本乗っていた。京王杯2歳S出走時のゲットフルマークス（岩戸厩舎）は12日（木）に芝で追い切っている。

円)と連続好走したダンスインザムードがその調教例に挙げることができます。またな芝コースを利用して2008年の重賞を勝った馬では京王杯2歳Sのゲットフルマークス(単勝6190円)がいます。

この2頭に共通しているのは「東京芝」での好走です。そしてこの他に芝コース追い切りでは「新潟芝」での好走が目立っており、左回りの芝で結果が出ています。

美浦では左回りの競馬場が主場になった場合、追い日を左回りにすることがあります。これを意識した厩舎が芝の左回りで追い切ることにより、実戦に近い追い切りになって、スパーリングの効果が大きいのでしょう。

■美浦 南馬場Cコース・ポリトラック(南P)

Cコースの外柵側に2008年11月に新設開場された1周1858mのポリトラック馬場です。

ポリトラックとは電線被覆材、ポリエステル不織布、ポリウレタン繊維、硅砂、ワックス等を混合した馬場です。その性質は優れた排水性を持ち、降雨による馬場の悪化が少ないと言われています。またグリップ力があるため滑りにくく、芝馬場に近いような時計の出る馬

第4章　調教馬場の特徴

〈南P追い〉はGI勝ちの条件

■2007年12月23日 有馬記念（9番人気1着）出走時　中7週

③マツリダゴッホ〔豪快な伸び脚〕					
蛯名■南W良	65.1	50.8	37.4	12.5	⑧馬なり余力
蛯名◇北C良	65.5	50.3	36.5	11.8	⑥強目に追う
美浦プール 10月30日					
美浦プール　31日	11月24日		25日		27日
美浦プール　28日	30日		12月4日		8日
美浦プール　12日	13日		19日		20日
助手28南W稍	66.9	52.2	38.8	13.2	⑥馬なり余力
助手 2南P良	69.0	53.7	39.5	12.8	⑤馬なり余力
助手 5南P良	64.1	49.8	37.3	12.6	⑤馬なり余力
グレートバルサー(古1600万)馬なりの内追走0.2秒先着					
助手 9南P良	70.9	56.2	41.8	13.4	⑥馬なり余力
蛯名12南P良	65.9	51.1	37.9	12.4	⑥馬なり余力
マイネルシーガル(古オープン)馬なりの内追走同入					
助手15美坂良 1回	—	30.4	14.4		馬なり余力
助手16南P良		57.9	42.9	13.5	⑧馬なり余力
蛯名19南P良	81.8	65.9	50.9	37.1 12.2	④G前仕掛け
ソニックルーラー(古1000)一杯の内追走0.6秒先着					

■2007年12月9日 朝日杯FS（3番人気1着）出走時　中2週

①ゴスホークケン〔伸び鋭く先着〕					
中谷■南W良	65.0	51.7	38.8	12.9	②馬なり余力
田勝◇南D良	68.7	54.2	40.4	12.4	⑦馬なり余力
助手25美坂稍 2回	57.5	42.6	28.5	14.2	馬なり余力
中谷29南P良	81.4	66.7	53.5	40.1 12.6	⑥直強目追う
中谷 2南D良	85.6	70.0	55.3	41.5 12.6	⑨馬なり余力
中谷 5南P良	64.9	50.3	36.9	11.8	⑤馬なり余力
ジャガージャック(新馬)一杯の外追走0.4秒先着					

2007年12月から2009年5月3日までの間に関東馬のGI勝ちは5回あり、そのうち3回（ゴスホークケン、マツリダゴッホ、スクリーンヒーロー）がポリトラック追いだった。残りの2回、秋華賞出走時のブラックエンブレム、天皇賞春出走時のマイネルキッツはともに栗東で追い切りを行なっているため、美浦ではポリトラック追いの馬以外はGIを勝っていないことになる。スクリーンヒーローの調教欄はP148を参照。

場です。よって基準となる時計も5F65秒前後とBコースよりも1秒ほど時計が出ます。ウッドチップよりも時計が出ることで実戦に近いスピードを調教でき、芝よりも脚元への負担が少ないことで反復して利用できることがメリットです。その効果なのか、ポリトラックが開場された2007年12月以降に行われたGIでの美浦所属馬が勝ったのは4レースでしたが、そのうち3勝がポリトラック追いの馬でした。

関東馬劣勢の重賞路線ですが、ポリトラック調教が今後の関東馬の飛躍につながることは間違いないでしょう。

■美浦 南馬場Dコース（南D）

1周が2000mのダート馬場です。南馬場でダート調教を行う場合にはAコースではなく、この馬場を使うことが主流になっています。

ダート馬場ということで、このコースで追い切られた馬はダートレースでの好走が目立ちます。また調教欄に掲載される調教本数が少なくてもDコースで追い切られた馬は好走することが多々あります。これはBコースやCコースに比べて周回距離が長い点から、実際に時計になる距離以上に馬場で走る距離が長いことが調教欄では見えない運動量となっているか

第4章 調教馬場の特徴

〈南D追い〉は馬券的妙味あり!

■2007年12月9日 ギャラクシーS(3番人気1着)出走時 　中1週

```
⑤マイネルスケルツィ〔好気配保つ〕
助手 ■美坂良     2回 51.3 37.1 24.5 12.4   馬なり余力
助手 ◇南W稍          68.1 51.7 37.8 12.6 ⑥G 前上掛け
-----------------------------------------------------
助手  5南D良           68.8 54.0 39.7 12.2 ⑥直強目追う
```

マイネルスケルツィは初ダートとなるギャラクシーSの追い切りを南Dで行ない、ダートの感触を確かめていた。

調教欄での本数が少ないため「仕上げ不足」という認識をされた場合に人気が落ちますが、中身はしっかりと出来ているため、人気以上に走ります。ちなみに2008年のDコース追い馬の単勝平均配当は1500円近くあります。

さらに2007年のギャラクシーSを勝ったマイネルスケルツィのように「初ダート」時にDコースを利用してダート馬場の感触を確かめておくと好結果に繋がっており、調教からおいしい馬券を見つけるには見逃せないコースでしょう。

■美浦 坂路（美坂）

開設当初に600mだった走破時計計測距離を2004年11月に800mに延長しています。

栗東坂路に比べて高低差がない点で運動負荷が緩いという指摘もありますが、幅員が12mと広いので、栗東坂路では行

美浦トレセン 坂路コース

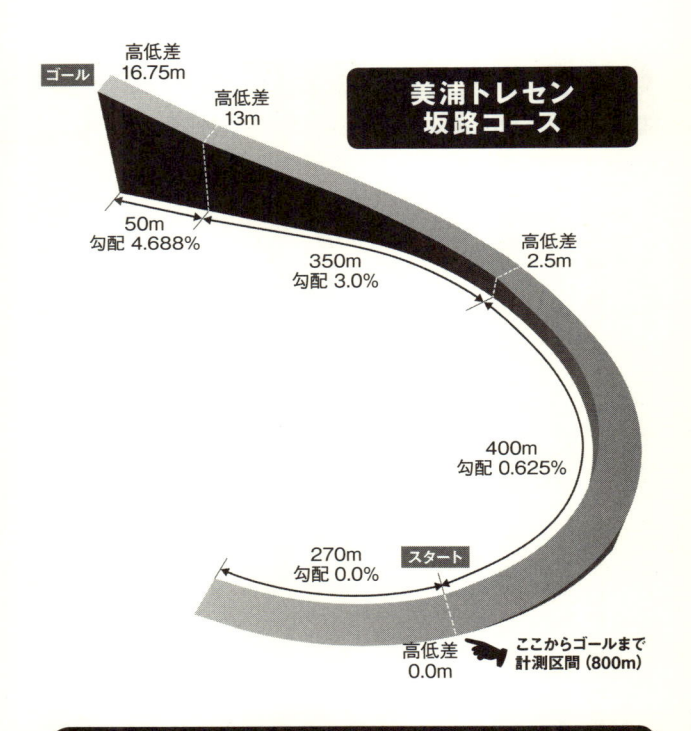

ゴール
高低差 16.75m
高低差 13m
50m 勾配 4.688%
350m 勾配 3.0%
高低差 2.5m
400m 勾配 0.625%
270m 勾配 0.0%
スタート
高低差 0.0m
ここからゴールまで 計測区間(800m)

〈美坂〉は中京競馬場で穴をあける

■2008年12月20日 愛知杯（16番人気1着）出走時　　中3週

⑮セラフィックロンプ〔追って伸び上々〕		
助手■美坂良	1回 50.1 36.9 24.7 12.7	末強目追う
助手◇南W良	65.0 50.1 36.3 12.3	②強目に追う
助手10南W重	54.1 39.9 13.9	③強目に追う
助手17美坂良	1回 52.5 38.2 25.3 12.2	強目に追う

144万馬券になった愛知杯を勝ったセラフィックロンプは、17日（水）に美浦の坂路で追い切られていた。左回りという共通点もあり、美浦の坂路調教馬は中京コースでよく穴をあけている。

第4章　調教馬場の特徴

えない3頭併せができるため、調教負荷が極端に軽いということはありません。

もうひとつ大きな特徴として、このコースは南馬場の外側の半径に沿って開設されているため、左回りの競馬場で例えると3コーナーから4コーナー、ゴール地点という形状になっています。

このコース形状での調教は左回りの競馬場で抜群の効果を発揮します。2008年に愛知杯を制した16番人気のセラフィックロンプは美浦坂路で追い切られていましたし、2009年には中京芝1200mで16番人気のコンプリートランが単勝万馬券を演出するなど、中京競馬場で穴が出た時は美浦坂路で追い切られている場合がほとんどです。

「傾斜が緩い」というデメリットこそありますが、馬場に沿ったコース形状にしたことで平坦小回りの競馬場ではどんな調教馬場よりも適した調教馬場と言えるでしょう。

■美浦 北馬場Aコース（北A）

1周1370mのダートコースに障害専用の1周1447mの芝コースが併設されています。この馬場を使って追い切りを行う馬はほとんどおらず、主に障害練習に使われている馬場です。

81

美浦トレセン・北馬場

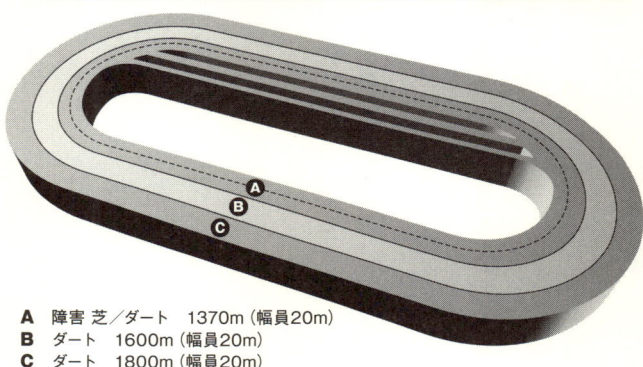

A 障害 芝／ダート　1370m（幅員20m）
B ダート　1600m（幅員20m）
C ダート　1800m（幅員20m）

■美浦 北馬場Bコース（北B）

1周が1600mのダート馬場です。北馬場を利用する馬が少ない上に、馬場の下地がCコースと同じなので、このコースを追い切りに利用する馬は年間で見ても数十頭しかいません。

最近ではストーミーカフェの追い切りに利用されていましたが、折り合いがつきにくい馬が小回り馬場で引っ掛からないように追い切りするには適してます。

■美浦 北馬場Cコース（北C）

1周が1800mのダート馬場です。北馬場で追い切られる馬のほとんどはこの馬場を利用しています。同じダート馬場としては南馬場Dコースよりひと回り小さい印象があります。よ

第4章　調教馬場の特徴

って運動量は南馬場Dコースほど多くないと見てよいので、同じダート馬場でもこちらの方が調教欄の本数は気にする必要があります。

栗東トレーニングセンター

■栗東 Aコース（栗障）

1周が1450mの障害専用の芝コースです。この馬場で追切時計が計測されるのは障害試験の時がほとんどです。また調教欄に障害練習というコメントが掲載されている場合はこのコースでの障害練習を指しています。

■栗東 Bコース（栗ダ）

1周が1600mのダート馬場です。京都競馬場の1周が1608mですから、直線に坂がないという意味ではほぼ同じ形状となっています。また2コーナー地点が京都ダート1200mとほぼ同じ位置にあるため、3コーナーから4コーナーのカーブも非常に似ています。

栗東トレセン・フラットコース

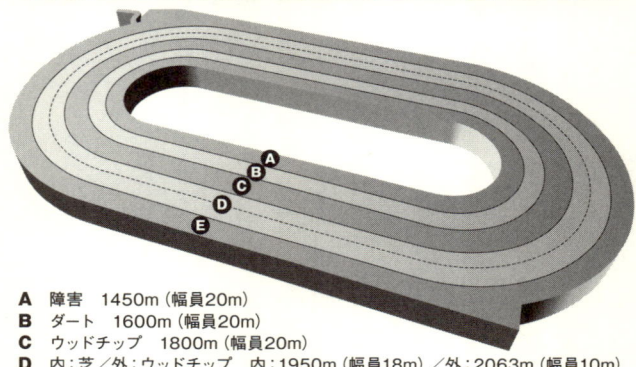

- **A** 障害　1450m（幅員20m）
- **B** ダート　1600m（幅員20m）
- **C** ウッドチップ　1800m（幅員20m）
- **D** 内：芝／外：ウッドチップ　内：1950m（幅員18m）／外：2063m（幅員10m）
- **E** ダート　2200m（幅員30m）

よって普段からBコースで調教されている馬は京都ダート1200mでのコーナーリングが非常に上手く、勝負どころでの加速が他の馬場で調教されている馬よりもスムーズです。

ダート短距離といえば坂路調教のイメージがあり、新馬戦などでは坂路で速い時計を出している馬が人気になることが多々あります。しかし京都ダート1200mに関しては、Bコースでラスト3F35秒台で動いている方がよほど価値があり、実戦でも結果を残してくれます。

これはレース経験がない新馬が最も有効ですが、未勝利や500万下といった条件でも十分に効果を発揮してくれるので「京都ダート1200mのBコース追い」は覚えておいて損のないフレーズです。

第4章 調教馬場の特徴

■栗東 Cコース（CW）

1周が1800mのウッドチップ馬場です。同じウッドチップ馬場はDコースにもありますが、ひと回り小さくなります。Dコースと同じウッドチップではありますが、調教時計はCコースの方が比較的出やすい馬場です。Dコースが6F83秒程度が基準であるのに対して、Cコースは82秒程度が古馬の基準時計で1秒ほど速い馬場だと認識していただければよいでしょう。

その理由については調教時間中のハロー掛けが2度あることや、Dコースに比べて幅員が広いのでいろんな位置を通る馬がいて馬場が荒れにくいなどが考えられます。またCコース、Dコースに騎乗している調教助手などの意見を聞くと「Dの方が深い」という表現する人が多いので、同じウッドチップ素材でも違いがあるように思います。

■栗東 Dコース・芝（栗芝）

Dコースの内柵側に位置する1周1950mの芝馬場です。普段の調教ではほとんど使用されていませんが、雨によってウッドチップ馬場が水分を含んで重い状態になると芝に切り替える厩舎も少なくありません。

〈栗芝追い〉は小倉芝で穴をあける

■2006年2月4日 小倉大賞典（11番人気1着）出走時　中5週

```
4 メジロマイヤー〔フットワーク軽快〕              (→)
助手 ■ 栗B不    79.6 63.1 49.4 37.0 11.5 ⑨一杯に追う
 幸  ◇栗B良    87.3 69.3 52.8 38.7 11.5 ⑧強目に追う
栗東プール 1月 6日4周   11日2周   15日4周
栗東プール   17日4周   24日4周   25日4周   31日4周
助手 3CW良    87.8 69.8 54.1 40.3 12.5 ⑧馬なり余力
助手12CW良    83.1 68.5 54.7 41.2 13.8 ⑨馬なり余力
助手15栗坂重    1回           31.9 13.9    馬なり余力
助手18CW重    83.1 67.9 53.6 39.9 12.3 ⑧馬なり余力
22栗坂1回     13.5末一 25栗坂1回64.8 47.6 14.8なり
川田26CW良    81.2 66.0 51.8 37.9 11.7 ⑧強目に追う
助手29栗坂良    1回           45.8 27.6 13.3    馬なり余力
川田 1栗芝重    78.7 63.5 49.8 36.4 11.1 ②馬なり余力
```

直線が平坦で右回り小回りという特徴がそっくりなため、〈栗芝〉で追われた馬は小倉芝中距離で穴をあけやすい。

また芝レースに使う新馬が、脚馴らしの感覚で最終追い切りに使う場合があります。

芝なのでダートやウッドチップに比べて時計が出やすく、6Fで80秒を切るのは当然だと認識しておいてください。

この時計の速い感覚がレースに活かされる場合があります。それが小倉芝です。

直線が平坦で右回り小回りという特徴がそっくりなのでしょう。2006年の小倉大賞典を逃げ切ったメジロマイヤーを筆頭に、出走数は多くないものの、芝コースで追い切った馬が小倉芝中距離で穴をあけることが珍しくありません。

■栗東Dコース・ウッドチップ（DW）

Dコースの外柵側に位置する1周2063mのウッドチップ馬場です。近年ではCコースを利用していた厩舎がこちらを使うことも増えてきました。その理由は「坂路をウォーミングアップに使う」ということです。

今の栗東で重賞を勝つような馬は大半が「坂路でのキャンター」を併用しています。つまり中間の調教にトラックばかりではなく、坂路も併用しながら調教を進めていくということです。そのような過程から坂路で17―17くらいのウォーミングアップをしてからトラックで追い切るというパターンが増えてきました。

坂路でキャンターを終えた馬が調教馬場の設計上、最もスムーズなトラック追い切りを行いやすい場所がDコースなのです。ディープインパクト、メイショウサムソンなどのダービー馬をはじめとして、数々の名馬がこの追い切りパターンでGIを勝っています。

「坂路でのキャンター」は1Fが15秒を切らないため、調教欄に掲載されることはありません。しかし実際には坂路調教が行われており、その効果は確実に結果に表れています。調教欄に坂路が掲載されていない代表厩舎が池江泰郎厩舎や、タップダンスシチー、インティライミの佐々木晶三厩舎などですから、これらの厩舎の管理馬が出走してくる場合に調教欄

数々の名馬を育てた〈DW追い〉

■2005年5月29日 ダービー（1番人気1着）出走時　中5週

```
5 ディープインパクト〔シャープな脚捌き〕        (1)
05.4 ✕ DW良      78.3 63.5 50.4 37.7 12.2 ⑧強目に追う
武豊 ■ DW重      80.3 64.6 50.6 37.7 11.7 ⑧馬ナリ余力
栗東プール 4月21日2周   22日2周   24日4周
栗東プール   26日5周   27日2周   28日3周   29日2周
助手  8DW良             59.5 40.7 13.2 ⑧馬ナリ余力
助手 12DW良      87.4 71.0 55.7 41.0 13.2 ⑦馬ナリ余力
サクラオリオン(三500万)馬ナリの内追走5F併同入
助手 15DW良             53.9 38.2 12.6 ⑨馬ナリ余力
武豊 18DW良      78.1 63.7 50.4 37.3 12.0 ⑧一杯に追う
ハツラツ(古1000)一杯の外追走3F併0.2秒先着
助手 22DW良             55.8 39.7 13.1 ⑧馬ナリ余力
武豊 25DW良      77.5 63.3 50.0 37.5 11.9 ⑧末一杯追う
ハツラツ(古1000)一杯の外追走0.4秒先着
助手 27DW良             61.9 46.1 14.2 ⑧馬ナリ余力
```

最近は「坂路でキャンター」→「DWで追い切り」というパターンが多く、〈DW追い〉の中には隠れ併用馬がいると思った方が良い。

には坂路調教の掲載はありませんが、実際にはキャンターの効果があることは覚えておいてください。

最後に2009年10月に予定されているウッドチップ馬場からポリトラック馬場への変更についてです。

現在のところ、栗東関係者の間では賛否両論というよりも「ポリトラックだと速い時計が出すぎるのでは？」という懸念が多数あります。ですから、Dコースにポリトラックが導入された場合はCコースへ追い切り場所を変更する厩舎も数多く出てくることになるでしょう。前記した三冠馬や二冠馬が誕生した調教パ

第4章 調教馬場の特徴

■栗東 Eコース（栗E）

1周が2200mのダート馬場です。調教スタンドから見て向正面の2コーナー付近にゲートが設置されており、そこでゲート試験を受けた馬が利用することがほとんどです。

過去には多くの馬が追い切りに利用したそうですが、近年では同じダート馬場でも実際の競馬場の感覚に近いBコースが利用されることが多くなりました。

調教欄に「ゲート」と書かれている場合はこの馬場での時計を示していますが、1F目と2F目に11秒台のラップを踏んでいるような馬は相当なダッシュ力があるので、新馬などキャリアが浅い馬が集まるレースでは有利にレースを進めることができます。

■栗東 坂路（栗坂）

走破時計測距離が800mの坂路馬場です。計測スタート地点から230mを過ぎたと

ーンがなくなってしまうことは非常に残念ですし、この調教パターンこそが栗東所属馬の柱になっていたと思いますので、ポリトラック導入が美浦にポリトラックが導入された時よりも大きくなるのではないかと今から心配しています。

ころでくの時に曲がり、残り570mが直線という形状になります。よって美浦坂路とはかなりコース形状が違います。また勾配に関しても栗東の方がかなり大きくなります。

坂路馬場を追い切りに利用する馬が非常に多いため、馬場開場時とハロー掛け前の馬場は荒れ具合が随分と違ってきますが、ひとつの基準として4F53秒、1F12・5秒という数字を目安にしていただければと思います。

追い切られる距離が800mと短いため、短距離戦に強いイメージもあるでしょう。実際に坂路で4F51秒台で動ける馬はマイル以下の距離で非常に高いパフォーマンスを見せています。

しかし追い切りに坂路しか利用していなかったダンスインザダークやハーツクライなど長距離GIを勝っている馬も数多くいます。しかしこの2頭に共通しているのは「終い最速のラップが踏める」ということです。

例えばハーツクライがハナ差の2着と好走した2005年のジャパンCを取り上げてみます。この時の最終追い切りも坂路で行われていますが、この時の4Fのラップは14・6―13・2―12・4―11・9と1Fごとに時計を詰めていくようなラップを踏んでいます。

栗東の坂路というのはゴールへの道中は厳しい勾配ですから、最後の1Fで11秒台のラッ

第4章　調教馬場の特徴

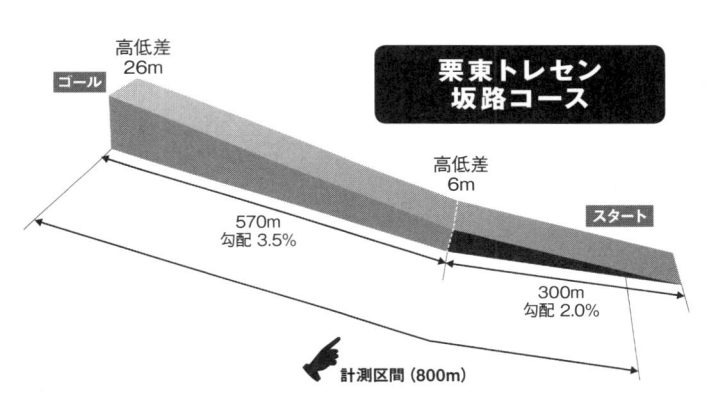

栗東トレセン 坂路コース

- 高低差 26m
- ゴール
- 570m 勾配3.5%
- 高低差 6m
- スタート
- 300m 勾配2.0%
- 計測区間（800m）

〈栗坂追い〉はラップにも注目！

■2005年11月27日 ジャパンC（2番人気2着）出走時　中3週

16ハーツクライ〔1ハロンの伸び抜群〕			
05.6栗坂良	2回	50.1 36.9 24.3 12.0	一杯に追う
助手■栗坂良	2回	50.1 36.9 24.3 12.0	一杯に追う
ルメ◇栗坂良	2回	50.4 36.9 24.5 12.4	強目に追う
助手13栗坂稍	2回	59.2 44.4 29.1 14.2	馬ナリ余力
助手16栗坂良	2回	51.1 37.1 24.9 12.8	末強目追う
ペールギュント（古オープン）一杯に1.3秒先着			
助手20栗坂良	2回	55.6 40.9 26.8 12.9	馬ナリ余力
ルメ24栗坂良	2回	52.1 37.5 24.3 11.9	強目に追う

短距離戦なら4F51秒台で動ける馬、中長距離戦なら1Fごとに速くなるラップ＝「終い最速ラップ」が刻める馬に注目。ジャパンC時のハーツクライの時計は、14.6秒-13.2秒-12.4秒-11.9秒と「終い最速ラップ」だった。

プを踏むというのは、普通の脚力では不可能です。また道中に無駄な力を使わないように走らなければいけません。つまり「抜群の折り合い」と「強靭な脚力」があってこそ、このようなラップが踏めるわけで、だからこそ東京の2400mであれだけの競馬ができたのでしょう。

もちろんハーツクライのようにここまで優秀なラップを踏める馬はなかなかいません。しかし最初の2Fを15秒台、14秒台で走り、ラスト2Fを13秒台、12秒台とまとめることができるようであれば、中距離以上にも適性があると判断してください。

第5章 盲点の必勝調教

坂路終い最速ラップ

1Fごとに速くなるハーツクライの調教ラップ

調教欄には第三章までに説明した見方の他にも、普通なら見逃してしまうだろうという箇所がまだまだあります。そんな項目のひとつが「調教ラップ」です。

ラップとは1Fごとの時計のことですが、そもそも調教欄で1Fのラップが掲載されているのは最後の1Fだけです。それ以外のラップを調べるためには、数字と数字を引き算するしかありません。少し面倒な作業になりますが、だからこそ人気の盲点になることも多いのが調教ラップなのです。

そもそも調教ラップが重要ではないかと思ったのは、2005年ジャパンカップのハーツクライの最終追い切りでした。その時のラップを表にしましたが、ハーツクライのように1Fごとに1秒ずつラップを詰めていき、ラスト1Fが11秒台なんて馬は見たことがありませんでした。坂路というのはスタート地点からゴールにかけて斜度がありますから、徐々に厳しい坂になっています。負荷が大きくなるにつれて速いラップを刻んでいるのですから、その運動能力は相当高いということがこのラップで分かります。

第5章　盲点の必勝調教

ディープインパクトを破った終い最速ラップ

■ハーツクライ 坂路追い切りラップの推移

年	レース	人気	着順	1F目	2F目	3F目	4F目	備考
2004	有馬記念	10	9	13.3	14.0	13.7	13.3	レース週
2005	天皇賞秋	2	6	14.9	13.5	13.0	12.0	1週前
2005	ジャパンC	2	2	14.6	13.2	12.4	11.9	レース週
2005	有馬記念	4	1	14.2	13.2	12.7	11.9	1週前

■2005年11月27日 ジャパンC（2番人気2着）出走時の追い切り

ルメ24栗坂良	2回 52.1 37.5 24.3 11.9	強目に追う

2005年の天皇賞秋出走時から、ハーツクライの調教ラップは1Fごとに速くなる「終い最速ラップ」を刻み始めた。天皇賞秋は6着に終わったが、ここからジャパンC2着（ハナ差）、有馬記念1着、ドバイシーマクラシック1着と充実期を迎える。

　もちろん、ハーツクライが常にジャパンカップのような調教ラップを踏めたかというとそうではありません。橋口調教師が「厳しいレースが続いて馬にかわいそうなことをした」と振り返る、調子落ちの状況で出走させた2004年の有馬記念の時のラップと比較するとその違いは一目瞭然だと思います。

　本格的に凄いラップが踏めるようになったのは、橋口調教師が「馬がすごく成長している。この秋は大きいところで活躍できるよ」と教えてくださった2005年の夏以降、表にある天皇賞秋からでした。

　そして有馬記念時の追い切りラップです。レース週がエラーになってしまったため、秋3戦の中で最も1週前のラップを掲載しましたが、秋3戦の中で最も

坂路終い最速ラップの狙い方

①坂路調教馬が好走しやすいレースをチェック
②坂路で追い切られた馬を見つける
③追い切り時計を1Fごとのタイムに換算し、順位をつける。4位-3位-2位-1位なら買い

1F目	2F目	3F目	4F目		1F目	2F目	3F目	4F目
14.5	14.0	13.5	13.0	→	4位	3位	2位	1位

■終い最速の美しい例
○ 23栗坂不 2回 56.2 41.6 27.1 13.3 一杯に追う
1Fに換算 14.6 14.5 13.8 13.3

■記載されていない部分は平均値を出して比較する
○ 5美坂良 2回 53.1 38.5 ― 12.3 馬なり余力
1Fに換算 14.6 13.1 13.1 12.3

■終いでバテた例（3位-1位-2位-4位）
× 5栗坂良 2回 50.3 37.4 25.5 13.2 一杯に追う
1Fに換算 12.9 11.9 12.3 13.2

テンの入りが速く、そしてラストまでそのスピードが落ちない強烈なラップで坂路を駆け上がりました。その結果、国内で唯一ディープインパクトに先着することができ、初GⅠ制覇となりました。

ハーツクライのように「坂路で1Fごとに1秒ラップを詰める」というような驚異的な走りができる馬は滅多にいません。しかし1Fごとにラップを詰めて、ラスト1Fが最速になるという馬は少なくありません。1Fごとにラップを詰めること

第5章　盲点の必勝調教

■07年5月27日 東京10R ダービー 芝2400m 晴良

着	馬　名	1F目	2F目	3F目	4F目	位置取り	人気
1	ウオッカ	14.3	13.6	13.0	12.2	9 - 11 - 11 - 8	3
2	アサクサキングス	15.2	13.7	12.3	11.9	1 - 1 - 1 - 1	14
3	アドマイヤオーラ	—	—	—	—	5 - 6 - 7 - 9	4
7	フサイチホウオー	14.1	12.4	12.1	12.8	8 - 6 - 5 - 7	1
9	ヴィクトリー	16.0	13.3	12.8	13.3	12 - 4 - 4 - 4	2

※調教ラップは坂路で追い切りした馬のみ表記

がができる馬は折り合いに関して非常に高い能力を持っていますので、レースの流れによって無類の強さを発揮することがあります。

終い最速ラップはダービーに強い

坂路追い切りで終い最速ラップを踏める馬が好走しやすい流れの典型的なレースが、東京芝2400mで行われる日本ダービーです。2007年のダービーは坂路で終い最速ラップを踏んでいたアサクサキングスがハナを切る展開でした。スタート直後、一度も手綱をしごかれることなく馬なりで先頭に立ちます。その後も後続が競りかけることがなかったため、終始自分のペースで走り続け、直線に向く手前からじわりとペースを上げていきました。

通常ならこれで逃げ切りが決まりますが、それを差し切ったのはこれまた坂路終い最速ラップを踏んでいたウオッカで

した。こちらは出たなりの位置で競馬をして3、4コーナーの中間あたりで位置取りを前に進めていきました。そして直線に向くと一気に末脚爆発。上がり33秒0というケタ違いの瞬発力で勝ってしまいました。このように坂路終い最速ラップを踏んだ馬が逃げたり、2番手につけてレースの流れをつくるような展開になった場合は、逃げ先行馬が残れば、後続から差してくる馬は坂路終い最速ラップを踏んでいる馬になります。

アサクサキングス、ウオッカが遅いペースでも折り合いを欠くことなく、道中スムーズにレースを進めていたのとは反対に、坂路終い最速ラップでなかった1、2番人気のフサイチホウオー、ヴィクトリーは道中で引っ掛かり気味に位置取りを上げていました。坂路でのラップの踏み方が「引っ掛かり」となってしまい、最も重要な場面で脚を使えなくなってしまったのです。

過去の結果を振り返っても、2004年には坂路終い最速ラップを踏んだ馬が1～3着までを独占していますし、2008年の勝ち馬ディープスカイも終い最速ラップを踏んでいました。ダービーを含めて、東京芝2400mという条件は坂路終い最速ラップが好走しやすい条件と覚えておいてください。

第5章 盲点の必勝調教

新馬戦は追い切り時計の速い馬

スローペースが多いため本数は関係ない

2009年2月22日。この新書作成のために東京競馬場で打ち合わせた私と編集者の柿原さんは、目の前で行われているレースを横目で見ながら本書の内容を決めていました。ちょうど新馬戦が行われる前に昼食をとることになったんですが、その時に柿原さんから「新馬戦の必勝調教ってないんですか？」と聞かれました。普段、あまり新馬戦を買わない私ですが「新馬戦に本数は関係ないので、追い切り時計の速い馬だけ買っておけばいいんですよ」とたまに新馬戦を買う時の方法を答えました。

すると5Rの新馬戦で坂路で速い時計を出していたのが、14番チャンギィと16番ヒシキャピタルの2頭だけ。これに他の一頭を加えた3頭のワイドボックスを買うという結論に達したようです。結果はチャンギィが勝って単勝2520円と穴馬券になりました（馬券は外れたようです）。

実はチャンギィとヒシキャピタルは坂路4Fの時計はほぼ同じ、ラスト1Fに限ってはチャンギィの方が0.2秒速いラップを踏んでいました。にもかかわらずヒシキャピタルが2

速い時計を出しているのに9番人気

■2009年2月22日 3歳新馬（9番人気1着）出走時 〔初出走〕

| ⑭チャンギイ〔平凡な動き〕 | (→) |

18美坂1回60.3 43.2 13.9なり 25美坂1回58.5 42.3 13.4なり
 助手　4南P良　　　　　69.9 54.7 40.0 12.5⑥強目に追う
ルビウス（古500万）馬なりの内追走同入
 丹内11美坂良　　　1回 53.6 38.8 24.8 12.1　末強目追う
ロジゴールド（三櫓）馬なりに0.1秒先行0.1秒先着
 助手15美坂良　　　1回 57.1 41.2 27.2 13.7　馬なり余力
 柴大18美坂良　　　1回 51.6 ─ 24.1 12.2　一杯に追う
トサップ（三櫓）馬なりに1秒先行同入

■同レース（2番人気11着）出走時 〔初出走〕

| ⑯ヒシキャピタル〔まだ少し重目〕 | (→) |

14美坂2回56.7 42.5 14.8なり 21美坂2回60.3 43.8 14.0なり
31美坂2回55.2 40.8 13.6なり　併せ　同時入線
 助手　5美坂良　　　2回 56.7 42.3 28.2 14.1　馬なり余力
 岩部　8南D良　　　　　75.5 59.4 44.3 13.8⑥馬なり余力
 助手17南D良　　　　　72.8 57.9 42.6 13.3④馬なり余力
 助手21南P良　　　　　71.0 56.3 41.4 13.7⑥一杯に追う
 助手25南P良　　　　　71.0 56.2 41.7 13.9⑥馬なり余力
 菊徳28南D良　　　　　70.9 55.3 40.5 12.5⑧強目に追う
レイクパペット（三櫓）馬なりの外同入
 岩部　1南P良　　　　　66.9 51.8 38.7 13.0⑤強目に追う
レイクエルフ（古1000）馬なりの外同入
 松岡　4南D良　　　　　67.1 52.1 38.4 12.4⑦一杯に追う
シュヴァイツァー（三500万）馬なりの内0.2秒遅れ
 助手11美坂良　　　2回 50.9 37.8 25.4 13.2　一杯に追う
スピードスクエア（三櫓）一杯に0.1秒先行同入
 助手18美坂良　　　2回 51.3 37.6 24.7 12.4　一杯に追う
パールシャドウ（三オーカ）馬なりに0.1秒先行0.3秒遅れ

情報が少ない新馬戦では、評判、血統、乗り込み量などで人気が決まることが多く、追い切り時計の速い馬が穴をあけることが頻繁にある。

第5章　盲点の必勝調教

番人気、チャンギイが9番人気という差があったのです。この日はフェブラリーSが行われたので、そこで穴人気していたヒシカツリーダーの半弟という血統構成もヒシキャピタルを人気に推し上げた要因かも知れません。そして調教欄を見ていただければお分かりのように、チャンギイの倍近くある調教本数が「仕上がり十分」という解釈になったのでしょう。

しかし私が柿原さんに言ったように新馬戦に本数は関係ありません。というのも新馬戦でレースの流れが速くなることはまずあり得ないからです。

新馬というのは一度もレースで走ったことがないわけですから、自分を含めた16頭で一斉に走るなんてことは初めての経験です。そんな馬たちに騎乗するジョッキーも「ハナに立つとどんなことをするか分からない」と思うので前には行きたがりません。このような新馬特有のジョッキー心理が新馬でのスローペースを演出します。スローペースということは道中はゆったり走って、あとは直線勝負。その勝負どころでどれだけのスピードを使えるかが勝敗の鍵を握ることになります。よって本数よりも追い切り時計でスピードの裏付けがある馬を狙うべきだと説明したわけです。

格上馬との併せ馬

厩舎が期待している表れ

併せ馬については第三章で詳しく説明していますが、追い切りの中でも重要なファクターです。そんな併せ馬を自分より格上の相手とこなして先着するような馬は人気がなければないほど積極的に狙ってみてください。

調教欄の例として取り上げたモアスマイルは新馬戦で2着という実績を残している馬でしたが、勝ち上がるまでには11戦も要してしまいました。特に10戦目は勝ち馬から6・7秒も離されてしまう大差負けでした。ですから勝ったレースが8番人気だったのも当然の評価だと思います。

そんなモアスマイルが一変できた要因は、格上エッセイストとの併せ馬にあります。新馬から3戦は最終追い切りで併せ馬を行っていましたが、それ以降はずっと単走だったので、モアスマイルにとっては刺激ある追い切りとなりました。しかも一杯に追われて0・2秒先着。0・2秒は1馬身ですから、見た目にも明らかに先着している追い切り内容でした。もともとは新馬戦で2着する能力を持っているのですから、走るスイッチさえ入れば未勝利ク

第5章　盲点の必勝調教

格上と併せて先着

■2008年9月7日 3歳未勝利（8番人気1着）出走時　中7週

```
⑥モアスマイル〔一応先着したが〕
08.6㌻南P良      63.7 49.7 36.5 12.3 ④一杯に追う
吉隼■南P良       63.7 49.7 36.5 12.3 ④一杯に追う
助手◇北C良       68.6 53.0 39.5 13.4 ⑧馬なり余力
助手13北C良       73.0 58.3 44.2 15.0 ④馬なり余力
助手20南P良       72.3 55.8 41.2 13.7 ④馬なり余力
エッセイスト（古500万）馬なりの内0.2秒遅れ
助手24南P良       69.1 53.6 40.0 13.0 ⑧馬なり余力
助手27南P良       67.0 51.4 38.3 12.8 ⑤一杯に追う
エッセイスト（古500万）強目の内先行0.1秒遅れ
助手31南P重       72.6 56.0 41.7 12.9 ⑦馬なり余力
見習 3南P良      67.4 52.5 39.1 12.3 ⑤一杯に追う
エッセイスト（古500万）一杯の内先行3F付0.2秒先着
```

当時500万下で2、3着を繰り返していたエッセイストとの併せ馬。追い切りでは先着しており、走る気が向いて来たと判断できる。

■格上相手の併せ先着（2008年以降の高配当抜粋）

年月日	レース	馬名	併せ相手	相手クラス	単勝配当
08.05.25	3歳未勝利	スズカスパーク	スズカクロフネ	500万下	6680円
08.11.20	2歳未勝利	ヤマニンウイスカー	ミッキースター	500万下	9460円
08.12.28	2歳未勝利	ビエナマックス	ビエナファンタスト	500万下	2900円
08.12.20	4歳上500万下	プリンセストロイ	インディゴラヴ	1000万下	3820円
09.02.08	3歳未勝利	ユウキハングリー	リバートーマス	500万下	6040円

らいは問題ありません。結果的に2着に1秒の大差をつける勝利となりました。

ここで重要なのは、未勝利馬が500万下や1000万下を相手に併せ馬を行うこと自体が珍しいということです。なぜなら明らかに格の違う2頭が併せ馬を行うとゴール前では叩き合いの併せができないからです。そこをあえて格上と併せるということは、厩舎としても期待が大きいのだと判断できます。そして格下が先着できるということは、それだけ調子も上がっている、走る気が向いてきたということです。

格上の相手が超オープン級になると、併せ先着が過剰な人気を呼ぶことになるのでおすすめはできませんが、目立たないところで格上に先着しているような馬であれば、本当に狙い目です。

第6章

主要厩舎の勝負調教

この章では「厩舎の勝負調教」ということで、調教欄を見れば鉄板仕上げであるかどうかを判定できる厩舎ごとの特徴を取り上げました。もちろん勝負調教なので、全厩舎にその調教方法が存在するとは限りません。しかしここで取り上げた厩舎は「ここで勝負」という仕上げを知っているからこそ、毎年のように厩舎リーディングで上位争いしたり、重賞に出走しているのです。

池江泰郎厩舎

「朝乗り」のなごり「前日追い」でラスト1F11秒台

ハード調教を主体とする厩舎が多い栗東の中でもトップクラスの厳しい調教でGI馬を育て上げるのが池江泰郎厩舎です。そんな池江泰郎厩舎のひとつの特徴となっている調教方法がレース前日に時計を出す「前日追い」です。

トレーニングセンターができる前は京都競馬場や阪神競馬場が今のトレセンのような役割を果たしていました。その当時はまだ騎手だった池江泰郎調教師には、その当時の調教方法が身に染みついているそうです。池江泰郎調教師は「僕が乗り役をやってる時はレース当日

第6章　主要厩舎の勝負調教

前日追いで気合いを注入！

■2009年3月14日 中京記念（15番人気1着）出走時　中4週

```
⑧サクラオリオン〔終いの伸び不満〕
06.7スタDW良      79.8 63.8 50.3 37.7 12.0 ⑧稍一杯追う
助手 ■札ダ稍       66.3 52.5 39.3 12.8 ⑧一杯に追う
助手◇栗芝重      79.5 63.4 49.8 37.1 11.9 ③馬なり余力
助手27DW重      87.8 70.2 55.1 40.9 12.4 ⑨一杯に追う
助手 1DW稍                57.4 41.3 13.7 ⑨馬なり余力
助手 4CW稍      82.6 67.3 52.9 39.7 13.7 ⑨追って一杯
ナイアガラ(古オープン)一杯の外0.2秒先着
助手 8DW良                54.6 39.3 12.9 ⑨馬なり余力
助手11DW良      82.0 66.4 52.4 39.6 13.0 ⑨叩き一杯
バトルバニヤン(古オープン)叩一杯の外追走3F併0.7秒遅れ
助手13DW良           72.5 55.5 40.5 11.6 ⑨強目に追う
```

ラスト1F11.6秒という終い重点の前日追いが効き、見事な差し切り勝ちを決めた。

　に競馬場まで輸送するというのがなかったので『朝乗り』といって競馬当日に軽く乗るというのがあったんだよ。前日にさっと終いだけやるのはそのなごりかな。だけどその加減は追い切りでの動きが物足りなかったり、馬体に余裕があるなと思った時に強くやる程度で、全馬に前日追いをするわけではないよ」と前日追いを重視する理由を教えてくれました。

　2008年の中京記念では厩舎3頭出しを行ない、もっとも人気のなかったサクラオリオンが激走しました（15番人気1着）。この時は、その週の追い切りの動きが物足りず「今日は気合を注入する」（池江泰郎調教師）ということで、ラスト1Fが11秒台になるような強めの前日追いを敢行しています。

実は池江泰郎厩舎の前日追いでラスト1Fが速かった馬は2008年11月23日の3歳未勝利戦を勝ったヤマニンウイスカーや2008年4月19日の3歳未勝利戦を勝ったオークヒルズなど人気薄ばかりでした。「レースの前日にそれだけやれるというのは調子がいいからこそ。そう判断してくれればいいよ」と池江泰郎調教師もこの事例に関しては認めてくれています。

から、池江泰郎厩舎のラスト1F強めの前日追いは鉄板の仕上げです。

橋口弘次郎厩舎

坂路4F追い切り時計51秒台

橋口厩舎はたまにDWを使って追い切る時もありますが、メインの追い切り馬場は坂路です。その坂路調教から厩舎の「鉄板仕上げ」を示す成績が2008年以降のオープン競走における「坂路4F追い切り時計別成績」です。

注目していただきたいのは51・9秒以下と54・0秒以上の勝率の差で、追い切り時計が速い馬の方が優秀な成績を残しているのは一目瞭然だと思います。このデータを橋口調教師に見せると納得の表情で「やっぱり重賞で通用するような馬は追い切り時計が速いよね。ダン

第6章　主要厩舎の勝負調教

■橋口厩舎　追い切り時計別成績（2008年以降・オープン以上）

4F時計	1着	2着	3着	着外	勝率	単回収	複回収
51.9以下	5	2	1	1	56%	311%	266%
52.0〜52.9	1	0	1	10	8%	23%	42%
53.0〜53.9	4	3	1	6	29%	121%	220%
54.0以上	0	2	1	19	0%	0%	22%

坂路4F追い切り時計が51.9秒以下の時は、1度しか着外になっていない。

■凡走後、次走の追い切り時計が速くなって好走するパターン

馬　名	レース	人気	着順	4F時計
フローテーション	すみれS	5	7	55.8
	スプリングS	11	2	53.6
	神戸新聞杯	14	12	53.7
	菊花賞	15	13	53.3
ダノンゴーゴー	NZT	3	7	52.3
	NHKマイルC	14	3	51.1

■2008年5月11日　NHKマイルC（14番人気3着）出走時　中3週

```
14 ダノンゴーゴー〔反応良し〕
08.4ﾃｽﾄ栗坂稍　1回 52.3 37.6 25.3 13.0　馬なり余力
武豊■栗坂良　　1回 53.0 38.1 25.0 12.7　馬なり余力
武豊◇栗坂稍　　1回 52.3 37.6 25.3 13.0　馬なり余力 ←前走
助手27栗坂良　　1回 54.2 40.2 27.1 13.9　馬なり余力
藤佑30栗坂良　　1回 52.5 38.0 25.0 12.7　一杯に追う
アイアングリーン(三柵)叩一杯を0.9秒追走ﾀﾞｰ先着
助手 4栗坂良　　1回 54.4 39.5 26.3 13.4　馬なり余力
藤佑 8栗坂良　　1回 51.1 37.2 24.5 12.3　一杯に追う ←今走
アイアングリーン(三柵)一杯を0.6秒追走0.6秒先着
```

前走凡走でも坂路4F追い切り時計には注目。前走よりも明らかに速くなっている場合は、人気薄でも狙いたい。

スインザダーク、ハーツクライ、リーチザクラウン、みんなやればいくらでも時計が出るタイプだから」とデータを裏付ける証言もいただきました。

もうひとつ注目したのは前走との追い切り時計の比較です。表にしたのは重賞で波乱を演出したフローテーションとダノンゴーゴーの坂路での追い切り時計の比較です。橋口調教師は当時のフローテーションについて、「すみれSは休養明けで数字以上に体が太かった。それを叩いたスプリングSは動きも素軽くなったから、それが追い切り時計に表れたんだろうね」と振り返っていました。このデータに関しても「ひと叩きして素軽く」や「調子は決して悪くない」など前走の着順が悪くても巻き返せるだけの要素があることを示す結果となりました。そして最後には「調教駆けしない、なんて言葉があるけど、やっぱり能力がある馬は追い切りも走るんだよ」という言葉で締めていただきました。

音無秀孝厩舎

調子が良すぎて時計になってしまう「坂路での前日追い」

「いつでも自分自身の目で状態が確認できるから」という調教師の考えで坂路調教が主体に

第6章　主要厩舎の勝負調教

なっているのが音無厩舎です。基本的にキャンター（追い切りよりも遅くて負荷の軽い調教）も坂路中心に行われているため、レース前日も坂路入りしていますが、ここに音無厩舎の「鉄板仕上げ」を見分ける方法がありました。それが坂路での前日追いの有無です。

サンプル調教欄は2009年阪神牝馬Sのザレマですが、土曜日のレースかつ牝馬という条件でしたが、前日に時計になっています。「意識して時計を出しているわけではない」と話す音無調教師ですから、この時計は馬の状態がピークに仕上がっているので、自然と出てしまう時計はあまり歓迎できませんが、音無厩舎のように、坂路中心の調教であれば、前日に時計になるくらいが最適の仕上げなのでしょう。

これは重賞だけに限ったことではありません。2009年3月28日の恋路ヶ浜特別で単勝16番人気で大激走したオープンセサミの調教欄を見てください。こちらは4Fで60秒を切ってくるような音無厩舎の前日追いの中でも負荷の大きい調教内容でした。休養明けをひと叩きしての2走目で、前走で2・1秒も負けているだけに全く人気はしていませんでしたが、この馬に関しての戦前の音無調教師のコメントとして「前走負けすぎたから強気なことは言えないけど、調子はいいよ」と決して悲観的でなかったことを覚えています。

自然と速い時計になるパターン

■2009年4月11日 阪神牝馬S（3番人気2着）出走時 中3週

⑧ザレーマ〔好気配保つ〕				
07.5㍉栗坂良	1回 50.1 37.2 25.1 12.8	強目に追う
助手 ■栗坂良	1回 53.0 39.4 25.8 13.0	馬なり余力
安勝◇栗坂良	1回 53.4 38.9 25.8 13.1	一杯に追う
助手29栗坂良	1回 56.6 41.8 27.6 13.7	馬なり余力
助手 1栗坂良	1回 51.1 37.8 25.1 12.8	馬なり余力
助手 5栗坂柏	1回 59.0 43.1 27.6 13.5	馬なり余力
安勝 8栗坂良	1回 52.1 38.5 25.9 13.3	馬なり余力
カンパニー（古オープン）一杯に0.2秒先着		
助手10栗坂良	62.3 45.3 29.2 13.9	馬なり余力

レース前日の10日（土）に坂路で調教している。最終調整のつもりでもつい時計が出てしまう、このパターンには要注意だ。

最終調整なのに4F60秒切り

■2009年3月28日 恋路ヶ浜特別（16番人気1着）出走時 中3週

⑦オープンセサミ〔格下馬に見劣る〕		
07.6㍉栗坂良	1回 52.2 38.5 25.8 13.4	馬なり余力
生野 ■栗坂不	1回 53.6 39.5 26.1 13.3	一杯に追う
助手◇栗坂不	1回 59.8 44.7 30.1 15.4	一杯に追う
助手19栗坂良	1回 54.2 40.6 27.6 14.0	強目に追う
助手22栗坂良	1回 58.3 43.5 29.2 14.6	馬なり余力
助手25栗坂良	1回 55.9 42.2 29.0 15.2	一杯に追う
ネオイユドゥレーヌ（三槽）一杯に0.3秒遅れ		
助手27栗坂良	59.1 43.4 28.1 13.2	馬なり余力

中京芝2500mで行なわれた1000万下。最低人気で勝った当馬は、4F60秒を切っていた。

第6章 主要厩舎の勝負調教

松田博資厩舎

最終追い切り6F時計84秒以下

2009年春、桜花賞で単勝1・2倍の1番人気に支持されたブエナビスタが無事に勝利した松田博資厩舎ですが、ここ数年の3歳クラシック戦線では辛酸を舐めてきました。

2007年の皐月賞で単勝2・7倍の1番人気に支持されたアドマイヤオーラは4着に敗れ、同じく2006年の皐月賞でもアドマイヤムーンが単勝2・2倍の1番人気に支持されましたが、4着に敗れました。この2006年は厩舎3頭出しでしたが、その中でも最も人気がないドリームパスポートが10番人気2着という激走を見せました。実は2006年の皐月賞に出走した3頭の調教欄に松田博資厩舎の鉄板仕上げが記されていました。それが「最終追い切り時の6F時計」です。

まず3頭の最終追い切りの馬場はCWコースです。その6Fの時計が最も速いのはどの馬

6Fの時計が一番速かったのは？

■2006年4月16日 皐月賞出走時

15 アドマイヤムーン〔上がりに重点置く〕 （中5週）

05.12㍾CW良	80.8	66.6	52.9	40.1	12.4	⑨一杯に追う
助手 ■CW不	85.5	70.3	55.1	40.2	12.1	⑥直一杯追う
助手 25CW稍		75.3	59.9	45.0	14.1	⑧馬なり余力
助手 29CW稍	88.7	73.0	58.0	42.8	12.6	⑧馬なり余力
助手 1CW良	84.5	69.1	54.0	39.7	11.8	⑨馬なり余力
助手 2栗坂重	1回	61.7	45.9	31.6	16.0	馬なり余力
助手 5CW不	89.1	74.1	58.7	43.5	13.6	⑦馬なり余力
助手 8CW不	83.0	68.1	53.9	40.0	12.5	⑨馬なり余力
助手 12CW不	86.4	70.1	54.8	39.9	11.8	⑧叩き直一杯
助手 14栗坂稍	1回	62.6	46.2	30.4	14.3	馬なり余力

4 キャプテンベガ〔毛ヅヤ冴える〕 （中3週）

06.1㍾CW稍	⑦97.8	82.0	67.2	51.9	39.3	12.1	⑧馬なり余力
助手 ■CW稍	⑦97.5	82.3	66.9	52.5	39.2	12.7	⑨一杯に追う
助手 1栗坂良	2回	59.7	43.5	28.5	14.0	馬なり余力
助手 5CW不	88.2	71.2	55.3	40.4	12.9	⑧馬なり余力
助手 8CW良	⑦98.8	82.8	67.1	52.2	38.5	12.7	⑨一杯に追う
高田 12CW不	84.9	68.5	53.4	39.4	12.2	⑧一杯に追う
助手 14栗坂稍	1回		47.8	31.4	14.8	馬なり余力

2 ドリームパスポート〔好調持続〕 （中3週）

06.2㍾CW重	82.9	67.2	52.8	38.3	12.1	⑨一杯に追う
高田 ■CW重	82.9	67.2	52.8	38.3	12.1	⑨一杯に追う
高田 ◇CW稍	83.0	66.4	51.5	37.8	12.0	⑨叩き一杯
高田 1CW良		76.1	60.0	45.4	14.6	⑨馬なり余力
助手 5CW不	88.0	72.4	57.9	43.6	13.8	⑨強目に追う
高田 8CW良	90.6	73.6	57.4	42.2	11.6	⑨直一杯追う
高田 12CW不	83.6	68.1	53.6	39.9	12.5	⑨叩き一杯
助手 14栗坂稍	1回		46.7	30.1	14.5	馬なり余力

追い切り6Fタイムが86.4秒のアドマイヤムーンは1番人気4着、84.9秒のキャプテンベガは7番人気13着、83.6秒のドリームパスポートは10番人気2着だった。終い重点の調教をする厩舎だが、ラスト1Fよりも6Fの時計に注目だ。

第6章 主要厩舎の勝負調教

藤原英昭厩舎

坂路で単走、しかも平凡なタイム

2008年にエイジアンウインズで初めてGIを制し、2009年のフェブラリーSで

でしょう？　一目瞭然でドリームパスポートですよね。

松田博資は6Fから追い切る場合でも前半は折り合いを重視して1F15秒より遅いような静かなラップを刻んで、直線に向いてからじわっとハミを掛けてラスト1Fを目一杯追うという追い切りパターンが主流です。ですからアドマイヤムーンの6Fが極端に遅くても「これがマツパク流なので全く問題ない」と評する人が多いようですが、実際にGIでは1番人気で馬券に絡めていないのですから、この評価は間違っています。

ずばりCWもしくはDW6Fの時計で「84秒」という数字がGIでの鉄板仕上げの目安です。ブエナビスタの桜花賞にせよ、6Fが遅くて皐月賞を負けたアドマイヤムーンが初GI制覇を成し遂げた宝塚記念にせよ、6Fの数字は非常に速いと思います。この数字だけ見れば、GIでの松田博資厩舎の取捨に迷うことはないはずです。

115

はサクセスブロッケンでGⅠ2勝目を挙げた今後の活躍が期待される厩舎です。特定の調教馬場にこだわるということはなく、坂路はもちろん、トラックでもダートコース、ウッドチップコース、芝コースとその状況と必要に応じて、馬場を使い分けている印象があります。

また追い切り時計は、どちらかといえば積極的に時計を出してくる厩舎で、調教時計が速くて人気を背負うケースも珍しくありません。同じ類で併せ馬でも追走して豪快に先着するという派手なスパーリングも多く見られます。もちろん速い時計が出ている場合は、その馬自身の調子が良いと判断できますし、併せ馬で大きく先着する場合も同様のことが言えます。

表は2008年以降の藤原英厩舎のGⅠ出走馬の最終追い切りの内容を示していますが、併せ先着というワードでは人気を裏切るケースが目立ちます。これについては人気を裏切るというよりも、追い切りの動きの良さが人気に付加価値を付けてしまっている結果だと思います。

前記、エイジアンウインズもサクセスブロッケンもGⅠを制した時の最終追い切りは坂路で単走、しかも追い切り時計は当時の馬場差を考えれば、至って平凡でした。

これらと同様に、2009年桜花賞3着だったジェルミナルも最終追い切りは坂路で単走という、この馬自身にとっても初めてとなる仕上げでした。結果としてブエナビスタという強すぎるライバルに完封された内容ですが、直線では「もしかして」を想像させる走りを見

第6章　主要厩舎の勝負調教

■藤原英厩舎　G1出走馬追い切りパターン

年	レース	馬　名	人気	着順	馬場	併せ
2008	フェブラリーS	デアリングハート	10	7	B	単走
	ヴィクトリアM	エイジアンウインズ	5	1	坂路	単走
	東京優駿	サクセスブロッケン	3	18	坂路	先着
	安田記念	ドラゴンウェルズ	18	12	坂路	単走
	菊花賞	ロードアリエス	7	11	坂路	単走
	天皇賞秋	タスカータソルテ	5	17	CW	先着
	JC	トーホウアラン	8	10	坂路	単走
	JCD	サクセスブロッケン	2	8	坂路	単走
	阪神JF	ジェルミナル	2	6	芝	先着
	有馬記念	エアジパング	11	13	CW	単走
2009	フェブラリーS	サクセスブロッケン	6	1	坂路	単走

追い切りでの派手なパフォーマンスはいらない

■2009年4月12日　桜花賞（5番人気3着）出走時　中4週

```
⑮ジェルミナル〔追って伸び上々〕
08.11 栗坂良     1回 53.9 39.3 25.8 12.9  強目に追う
福永 ■栗坂良    1回 56.6 41.3 26.4 12.5  強目に追う
福永 ◇栗坂稍    1回 55.0 40.5 26.3 13.1  強目に追う
26栗坂1回54.6 39.8 12.9なり 併せ 追走0.3秒先着
助手29DW良              60.8 43.8 14.3 ⑧馬なり余力
福永 1CW良      83.4 67.4 51.9 38.2 12.0 ⑦馬なり余力
ブロードストリート（三才牝）一杯の内追走クビ先着
福永　8栗坂良    1回 52.9 38.3 25.0 12.3  一杯に追う
```

中間にある程度の本数や併せ馬を消化しているので、最終追い切りはむしろ坂路で単走という地味な内容の方が良い。

せてくれました。

本来が中間の調教量は豊富な厩舎ですから、最終追い切りでの派手なパフォーマンスに期待するのではなく、単走である程度しっかりと調教できていれば、大舞台で好走できる状態にあるということを覚えておいてください。

白井寿昭厩舎

坂路追い切り、併せ馬遅れ

私が調教分析をするにあたって、現場の考え方や実際の調教内容について、いろんな手解きを受けたのが白井調教師です。

この世界に入る前は「研究熱心な競馬ファン」だった白井調教師は、我々の立場をよく理解してくださっていて「どうすれば馬券的中に結び付くか」というファン目線での話題をたくさん提供してくださいました。

調教分析を始めた当初に、白井厩舎の必勝調教を調べた時は「トラックで一杯に追って、併せ馬で先着している馬」が買いというデータを白井調教師に見てもらい「このデータは役

第6章　主要厩舎の勝負調教

白井厩舎の当時と現在の必勝調教の大きな違いは調教馬場にありました。現在では坂路での追い切りが結果に結び付いており、「勝ち鞍の約6割が坂路で追い切った馬という結果が出ています。これについて白井調教師は「今の在厩馬は少し脚元の弱い馬が多くて、その負担を和らげるために坂路で追い切ってることが多いから、そのようなデータになるのかな。でも本当の超一流は坂路で軽いキャンターをしてから下（トラック馬場）で追い切るのが一番やけどな」と現状と理想について教えてくださいました。確かに白井厩舎でGIを制した馬のほとんどはCWやDWといったトラック馬場で最終追い切りをしている馬ばかり。近年ではフサイチパンドラがエリザベス女王杯を制しましたが、この馬は坂路で軽いキャンターを駆け上がった後にDWで追い切るというパターンでした。

坂路で追い切った馬で馬券になるのは併せ馬で遅れた馬です。これに関しては「遅れの中にもいろんな種類があるけど、その遅れが馬にとって良い刺激になって、競馬当日で戦闘モードになることもあるんじゃないかな」と遅れても好走している要因を挙げてくださいました。もっと詳しくうかがうと「併せ馬っていうのは調教メニューを考える時にどの馬とどの馬って考えるんだけど、やっぱり調子を上げていきたい馬にはあえて調教駆けする馬と併せ

調教駆けする馬と併せて刺激を与える

■2008年5月17日 3歳未勝利（8番人気1着）出走時　中11週

```
13 ドゥーエン〔馬体は仕上がるも〕
助手 ◇栗坂稍    2回 53.7 39.0 25.6 13.1  一杯に追う
助手 27栗坂良   2回 59.0 43.6 29.3 14.4  馬なり余力
30栗坂2回54.8 40.2 13.6なり 併せ 追走同時入線
助手  4栗坂良   2回 57.7 42.4 28.2 14.5  馬なり余力
助手  7栗坂良   2回 53.8 39.8 26.2 13.4  一杯に追う
マイネルフリーデン（三柵）一杯に1秒先行0.6秒遅れ
11栗坂2回57.3 42.3 14.2なり 併せ 先行0.2秒遅れ
西谷14栗坂不   2回 54.6 40.0 26.5 13.8  一杯に追う
ボクノタイヨウ（三500万）末一杯に0.6秒遅れ
```

併せ馬で遅れると軽視されやすいが、白井厩舎では遅れることを想定してパートナーを選ぶことがあるという。

友道康夫厩舎

レース週の追い切りでしっかり時計が出ていることが条件

2008年天皇賞春でアドマイヤジュピタ、2009年皐月賞でアンライバルドがGIを制しており、毎週の重賞にも管理馬を送り出しています。調教方法はCWと坂路を併用するパタ

て刺激を与えたりするから。だから追い切りで遅れることは、こちらとしては想定してる場合が多い。だけどやっぱり馬券を買う人は遅れたから調子が悪いと判断するよな。このあたりのギャップが配当の妙味になってるんとちゃうかな」と解説を付け加えていただきました。

第6章 主要厩舎の勝負調教

ーンが主流で、調教欄に坂路の時計しか記載されていなくても、調教量は豊富な厩舎です。このあたりは最近に普段はDWでキャンターをこなしているので調教傾向なのですが、違うのは最終追い切りへの負荷の掛け方です。それの若手厩舎と同じ調教傾向なのですが、違うのは最終追い切りへの負荷の掛け方です。それは中間の調教量が多く、1週前に目一杯の追い切りを行って、レース週はやや手控えた調教内容にするパターンです。しかし、レース週の追い切りを緩くするというパターンでクラシックを取り損ねたのが第一章でも紹介したサクラメガワンダーです。

そのサクラメガワンダーとは逆に追い切りでしっかり時計を出すことでGI制覇に半馬身差まで迫ったのが秋華賞のムードインディゴです。

3歳春のムードインディゴは、京都の極悪馬場での競馬や桜花賞の出走権を得るための中1週での中山遠征で大きく馬体重を減らしてしまい、表を見ていただければ分かるように坂路での追い切り時計は数字的に目立ちませんでした。友道調教師も「やれば時計の出るタイプだと分かっていたけど、間隔を詰めて使っていたし、無理に調教をしなかった」と当時を振り返っています。

確かにムードインディゴは新馬戦の中間調教で坂路4F52・1秒という自己ベストの時計を出していただけに、それを思えば、各レース週の追い切りの数字が物足りませんでした。

■ムードインディゴの2008年成績と追い切り4F時計

年月日	レース	人気	着順	4F時計
2008.01.19	500万下	4	13	55.5
2008.03.08	チューリップ賞	10	6	55.6
2008.03.22	フラワーC	10	5	54.2
2008.04.13	忘れな草	2	1	54.8
2008.05.25	オークス	7	10	53.9
2008.08.17	クイーンS	11	8	69.4(札ダ)
2008.09.21	ローズS	9	2	52.8
2008.10.19	秋華賞	8	2	53.0
2008.11.16	エリザベス女王杯	5	6	54.3

レース週でも緩めずに攻める!

■2008年9月21日 ローズS (9番人気2着) 出走時　　中4週

```
⑩ムードインディゴ〔動きに鋭さ出る〕             →
07.11ネ栗坂良   1回 52.1 38.1 24.9 12.3   一杯に追う
助手 ■栗坂稍   1回 54.8 39.6 26.1 12.9   一杯に追う
藤佑◇札ダ良        69.4 54.1 40.2 12.3 ⑦一杯に追う
助手31函W良              42.2 13.0 ⑦馬なり余力
助手 3函W良        70.4 54.4 39.6 12.8 ⑥一杯に追う
ハートアンサンブル(三櫔)強目の外同入
助手12CW良   83.7 68.6 54.4 40.2 13.0 ⑧強目に追う
助手15栗坂良   1回 59.7 42.1 27.0 13.2   馬なり余力
福永18栗坂稍   1回 52.8 38.9 25.6 13.1   末強目追う
アドマイヤコース(三櫔)一杯を0.3秒追走1秒先着
```

ローズSの最終追い切りは手控えることなく、4F52.8秒としっかりと負荷をかけていた。

第6章 主要厩舎の勝負調教

石坂正厩舎

坂路調教のイメージが強いが、勝負は併用調教

ダイタクヤマト、アストンマーチャンといったスプリンターを輩出した石坂厩舎といえば、

そして「やれば出る」を証明したのは夏の放牧、北海道競馬を経て栗東に戻ってきたローズSでの調教です。長距離輸送の競馬がないというレースローテーションと北海道で22キロ増えた馬体重が下地となって、手加減のない追い切りを敢行して52・8秒。この数字は表を見ていただけば分かるように、これまでのレース週の追い切りで最も速い追い切りでした。

この結果がローズSでのハナ差2着、そして秋華賞での好走に繋がっていきます。これで勢いに乗ってエリザベス女王杯も、というムードでしたが、その週の追い切りが3歳春の時に近い数字に戻ってしまいました。「結果的には大事に仕上げすぎたかな」と友道調教師も反省を込めた振り返りでした。

できなかった追い切りができるようになって結果が出て、緩めるとやはり足りなかったというムードインディゴの3歳時の追い切りとレース結果が、友道厩舎の鉄板調教の象徴です。

石坂厩舎の併用調教馬は単勝回収率180%超

■2008年11月23日 マイルCS（4番人気1着）出走時　中4週

```
 7 ブルーメンブラット〔動きキビキビ〕
 08.4ｽﾄ栗坂稍    1回 51.1 37.1 24.7 12.4    一杯に追う
 助手 ■ 栗坂重   1回 52.5 38.9 26.1 13.4    一杯に追う
 ------------------------------------------------------
 助手  2CW良                   45.8 13.7 7 馬なり余力
 助手  5栗坂良   1回 55.4 40.6 27.0 13.7    馬なり余力
 助手 12栗坂良   1回 53.6 39.2 25.5 12.9    強目に追う
 助手 16CW稍   87.0 72.2 57.6 43.2 12.7 7 馬なり余力
 助手 19栗坂良   1回 53.3 38.3 25.3 12.7    一杯に追う
      早い時間帯だったとはいえ、この馬らしい
      回転の速い脚捌きでキビキビした動き。フッ
      クラとした体つきでこの時期の牝馬としては
      毛ヅヤもいい。引き続き好気配。
 助手 22栗坂良                60.6 44.8 29.8 14.4    馬なり余力
```

スプリンターズS1着時のアストンマーチャンなど、大一番では併用調教で結果を出している。

やはり坂路調教のイメージがあります。ところが実際に馬券で儲かるのは併用調教馬で、スプリンターズSを勝った時のアストンマーチャンも併用調教でした。

2008年以降の石坂厩舎の併用調教馬の単勝回収率は180％を超えています。また複勝回収率も148％を超えており、馬券的には儲からないイメージの厩舎にしては意外な数字でした。

無酸素運動である坂路調教は勝負を決める瞬発力を鍛えるためには非常に有効な調教ではありますが、円形馬場ではないため、コーナーでの加速力などを鍛えることができません。未勝利や500万下（特に牝馬限定戦）ではコーナーで加

第6章 主要厩舎の勝負調教

昆貢厩舎

最終追い切りラスト1F最速

2008年にディープスカイでダービーを勝ち、2009年にはローレルゲレイロで高松宮記念を勝った昆厩舎は、これからも重賞戦線での活躍が期待されます。調教スタイルは坂路とトラックを併用する内容が多く、調教の本数も標準より多い印象があります。

そんな昆厩舎の鉄板仕上げは最終追い切りでラスト1Fのラップが最速になることです。

2009年の高松宮記念を制したローレルゲレイロの最終追い切りもラスト1Fが最速でした。また表には2008年以降のラスト1F最速の勝ち馬を抜粋してみましたが、人気薄が

速することがなくても、スピードの違いで押し切ることができたり差し切ることができたりしますが、クラスが上になればなるほどそれだけでは通用しません。そこでトラック馬場での調教というのが重要になってくるわけです。

2008年のマイルCSを制したブルーメンブラットも併用調教馬だったので、これからの石坂厩舎で注目すべきは併用調教馬です。

■昆厩舎　ラスト1F最速ラップ馬の成績（2008年以降の抜粋）

年	レース	馬名	場所	1F目	2F目	3F目	4F目	人気	着順	単配当
08.6.1	東京優駿	ディープスカイ	坂路	14.6	13.3	12.9	12.7	1	1	360円
08.11.2	精進湖特別	リキサンポイント	DW	13.8	13.2	13.4	11.9	8	1	2650円
08.12.13	新馬	イマカツウィーズ	CW	14.1	14.0	14.0	12.9	7	1	1660円
09.3.21	未勝利	トキノヤマトボシ	CW	14.5	13.5	13.7	12.4	9	1	4480円
09.3.29	高松宮記念	ローレルゲレイロ	坂路	14.1	13.2	12.8	12.7	3	1	760円

※CW、DWの場合、3F目のラップは調教欄で3Fから1Fを引いて2で割ったラップです。

多いことに気付きました。

実は昆厩舎の追い切りは他の厩舎に比べて時計が速くなることが多く、それが人気に直結する場合があります。しかし実際にはラスト1Fで最速ラップを踏んでいる「折り合いのついた馬」が馬券になっており、人気はしているけど終い最速ラップではないという馬は軽視すべきです。特に1F目から徐々に速くなって、3F目が最速になり、4F目が2F目よりも遅いというパターンは全体の時計が速くなるので、人気になりますが、ラスト1Fがバテたということを示すラップになっているので、決して調子が良い追い切りとは言えません。

調教欄からラップを計算するのは少し面倒な作業ではありますが、こと昆厩舎に関しては、それをすることで不要な人気馬と拾える穴馬を見つけられますので、電卓片手に実践してみてください。

第6章 主要厩舎の勝負調教

鹿戸雄一厩舎

ポリトラック追いで本数多め

　第四章の調教馬場のページのポリトラック馬場の解説で「ポリトラックが関東馬の躍進の鍵を握る」と書きましたが、このポリトラック馬場を上手に使いこなして結果を出しているのが鹿戸雄一厩舎です。

　2008年のジャパンカップを制したスクリーンヒーローをはじめ、桜花賞とオークスで2着だったエフティマイアもポリトラック追いで強豪の関西馬相手にGIで好走しています。もちろんポリトラック追いでの好走はGIだけに限らず、未勝利から重賞まで幅広く、2009年に入ってからもその勢いは衰えていません。その複勝回収率は130％を維持しています。

　ポリトラック追いを行う厩舎は鹿戸雄一厩舎だけではありませんが、これだけの好成績をキープできるのには、ポリトラック馬場の特性を良く知った上での調教本数にあると思います。ポリトラックは速い時計が出やすい馬場なので、パワーという意味の負荷はあまり強くありません。よって牡馬には少々物足りない負荷と言えます。ところが前記スクリーンヒーロ

鹿戸厩舎は〝P〟を使いこなしている

■2008年5月25日 オークス (13番人気2着) 出走時　中5週

```
⑥エフティマイア〔攻め強化はプラス〕
08.4ト南P良         69.2 54.3 40.4 12.9 ⑥馬なり余力
調師■南P良         69.2 54.3 40.4 12.9 ⑥馬なり余力
助手 6美坂良  1回 57.0 42.3 28.1 14.3    馬なり余力
調師 7南P良                  45.4 14.3 ⑦馬なり余力
調師14南P良         72.8 56.4 41.9 13.2 ⑤馬なり余力
モエレタキオン(三櫟)強目の内追走同入
助手18南W良         71.4 55.2 40.2 13.6 ②馬なり余力
調師21南P良         65.0 50.7 37.4 12.1 ⑤強目に追う
　前を行く古馬を1秒3ほど追走。結局併せ
る場面はなかったが、直線気合をつけてグイ
グイ詰め寄る。桜花賞前に比べればハードな
攻めを消化。ただ、馬体の方は細く映る。
調師24美坂良         57.7 41.9 27.7 13.7    馬なり余力
```

前走の桜花賞もP追いで15番人気2着。オークスでも最終追い切りはP追いだった。

　―の場合、ポリトラックだけでは物足りない運動負荷を本数で補っています。つまり本数多い調教とポリトラックが融合して、ジャパンカップ制覇に繋がったというわけです。

　またエフティマイアは牝馬なので本数を強化するというよりも標準の本数をしっかりやれば十分という調教内容でした。これはクラスに関係なく、牝馬は本数多く、牡馬は標準という一貫した調教パターンになっています。その結果が高い複勝回収率を維持する結果となっているのです。

第6章　主要厩舎の勝負調教

藤沢和雄厩舎

併用で馬なりを本数多く。今後はP追いにも注目

今でこそ「馬なりで流す」という調教スタイルは主流になりましたが、10年ほど前までは斬新な調教スタイルでした。それを確立し、実績を残したのが藤沢和雄厩舎です。馬なりという軽い追い切りでも実績を残しているのは「本数」と「併用」のバランスが上手に調和しているからこそだと思います。具体的に言うと、本数は多く、そして坂路とトラックを併用する。これに尽きます。

すでに厩舎の基盤が出来上がっていて、入厩してくる馬は血統背景からスピード能力の高い馬ばかりです。そのスピードを「鍛える」という強いイメージではなく「伸ばす」という柔らかいイメージの調教が管理馬の飛躍に繋がっているのでしょう。

具体例を挙げれば、2004年、2005年の天皇賞秋で2着（複勝1030円）、3着（複勝970円）と2年続けて好走したダンスインザムードは馬なりを本数多く、そして南芝と坂路を併用していました。この調教傾向は現在でも変わりなく、2009年の潮来特別（中山芝2500m）を勝ったムーンレスナイト（単勝1470円）も馬なりを本数多く併用調

〝藤沢流〟スピード能力を伸ばす調教

■2009年3月1日 潮来特別（6番人気1着）出走時　中5週

```
1 ムーンレスナイト〔落ち着き欲しい〕
 06.11 南W良         63.9 49.4 37.0 13.6 ④馬なり余力
 助手 ■札ダ良        70.0 54.4 39.9 12.2 ⑨馬なり余力
 助手◇南W良         69.2 53.7 39.6 12.8 ⑧強目に追う
 助手11南W良         70.4 54.6 40.1 12.4 ⑧馬なり余力
 アムールマルルー（三柵）馬なりの外先行同入
 北宏15南W良         84.0 69.0 54.1 40.4 14.2 ⑦馬なり余力
 17美坂2回15.2 14.5 ―なり 17美坂 ― 43.0 ―なり
 北宏18南W良         67.5 52.5 38.6 13.3 ⑧馬なり余力
 スパークキャンドル（古1000）一杯の外先行同入
 助手22南W稍         67.0 52.4 38.4 13.0 ⑥馬なり余力
 ピサノエミレーツ（古1600万）末強目の外先行同入
 助手25南W稍         67.3 52.2 38.4 13.5 ⑧馬なり余力
 ピサノエミレーツ（古1600万）強目の外先行同入
 北宏28美坂重         14.5  ―    ―    ―    馬なり余力
```

南Wと美坂路の併用で、中5週で8本時計を出している。

教していました。

例に挙げた2頭とも配当を見ていただければ人気がなかったことが分かると思います。「フジサワブランド」で人気先行のイメージがある厩舎ですが、調教さえしっかりとこなしてくれていれば、前走着順や人気を度外視して買う価値が十分にあります。

そして2009年以降に厩舎の鉄板仕上げとして注目したいのが「ポリトラック追い」です。実は2009年に入ってから4月19日の開催までに藤沢和厩舎でポリトラック追いされた馬は7頭いましたが、その成績は［2-2-2-1］と複勝率が86％近

第6章　主要厩舎の勝負調教

堀宣行厩舎

仕上がっている馬は単走で追われる

　開業4年目の2006年にビーナスラインが函館スプリントSを優勝してから2009年の阪神牝馬Sジョリーダンスまで、毎年重賞勝ちを続けている勢いある厩舎です。

　そんな堀厩舎の調教のポイントは併せ馬にあると思います。

　堀厩舎の調教のポイントは併せ馬にあると思います。これに気付いたのが2009年高松宮記念に5番人気で出走したキンシャサノキセキの追い切りでした。2008年の高松宮記念2着時には単走で実に素軽い動きを見せていたキンシャサでしたが、2009年は併せ馬でその動きも明らかに重い印象でした。やはり結果は10着と惨敗、併せ馬をしたのは

　くあります。また単勝、複勝の回収率も100％を超えているだけに、馬券的妙味も十分です。

　過去には芝追い切りで数々の重賞ウイナーを生み出した厩舎ですから、「スピードが出る」という意味で下地が似ているポリトラック馬場が合わないわけがありません。今後は藤沢和厩舎の「P」を見逃さないようにしてください。

レース週単走は回収率160%を超える

■2009年4月11日 阪神牝馬S（7番人気1着）出走時　中5週

```
12 ジョリーダンス〔動きキビキビ〕
08.6ﾁｬﾝ南W稍        62.0 48.0 36.1 13.5 ①一杯に追う
助手 ■南P良         70.0 53.2 38.8 12.8 ④馬なり余力
助手 ◇美坂稍    2回 54.9 39.8 25.5 12.4   馬なり余力
26美坂2回62.4 45.5 14.8なり 29美坂2回56.2 41.3 13.5なり
助手  2南W不        84.6 69.6 54.9 40.4 13.1 ⑧強目に追う
助手  5美坂稍   2回 55.3 40.6 26.4 13.4   馬なり余力
助手  8南W良        52.9 38.1 12.9 ⑧馬なり余力
```

堀厩舎では仕上がった馬は単走で追われる傾向があり、2007年の阪神牝馬S（5番人気1着）でもジョリーダンスの追い切りは単走だった。

　調子が悪かったからだと納得しました。

　それから堀厩舎全体の調教パターンを調べてみると、キンシャサノキセキだけではなく、他の馬でもレース週の追い切りは単走がベストだということが分かりました。もちろん前記ジョリーダンスも阪神牝馬Sでの2勝はどちらも単走でした。

　2009年以降、4月19日までの堀厩舎レース週単走は［7-5-4-16］で複勝率が50％、単勝回収率は160％、複勝回収率は109％という成績を残しています。堀厩舎の単走は鉄板追い切り、これから使えると思います。

第7章 調教適性という考え方

白井調教師の言葉がヒントに

競馬王本誌に「GI勝利の方程式」という白井寿昭調教師の連載があった頃、白井調教師からは競馬の基本から血統の奥深さ、そして調教の重要性を学ばせていただきました。そんな中でも私が調教に深く興味を持ち始めたのは、1996年の安田記念に出走したダンスパートナーの調教に関する一言でした。

「超一流のマイラーを相手にするので、坂路調教で瞬発力を鍛えた」

3歳時にオークスを制し、夏にはフランス遠征、そして秋には菊花賞参戦（5着）と長距離路線を歩んできた名牝が、桜花賞以来のマイル戦出走となったのが安田記念だったのです。調教というのは馬の調子の良し悪しを判断するだけのツールと思っていた私には、久しぶりの距離に対応させるために坂路調教で瞬発力を鍛える、といった考え方は全くありませんでした。

「今まで牡馬の一流どころと対戦してきているとはいえ、距離が2000m以上。GIのマイル戦になればスタート直後にしても、ゴール前にしても一瞬の鋭い脚が使えるかどうかが勝敗の鍵を握るからね。坂路だと坂の負荷がある中で速い脚を使う練習をしているから瞬間的に速い脚を使えるでしょ。CWだと3コーナーから4コーナーでじわじわスピードを上げ

第7章　調教適性という考え方

て、直線でしっかり追えば、長い脚を使えるようにはなるけど、瞬発力を鍛えるのの方がいいもんね」

これがダンスパートナーを坂路で追い切った理由です。安田記念の結果は6着でしたが、古馬との実績がなかったマイル戦でこれだけの走りができたのは坂路調教で瞬発力を鍛えた効果でしょう。

それまでは馬の調子の良し悪しを見るために、調教をデータ化していましたが、この白井調教師とのやりとりをきっかけに、各競走条件での好走馬の調教パターンを細かく分析するようになりました。すると様々な競走条件において調教パターンの偏りを見ることができました。詳しくは第八章に書いていますが、中山記念などが行われる中山芝1800mはトラック単一調教馬が坂路調教馬よりも成績を残していたり、皐月賞などが行われる中山芝2000mになるとトラック単一調教馬の成績は伸び悩み、坂路を併用している馬の成績が1800mに比べて高いことが分かってきました。

これを単なる偶然の結果と流していれば、今の私の調教分析はなかったでしょう。しかし私は、1800mはコーナーをタイトに回ることができれば良いのでトラック単一の調教でも好走できるが、2000mになるとレースの流れが厳しくなりやすいので坂路とトラック

の併用が理想なのだと考えました。

競走条件によってどのような調教が理想的であるか？　常にこれが頭の中にあれば、分析した結果は偶然ではなく、理論上当然ということになります。この考え方が「調教欄は競走条件への適性を示している」という私の理論の原点です。

調教適性の重要性

調教の適性とは、例えば1200mなら坂路でスピードを鍛える調教内容が適していて、3600mにはトラックでスタミナを鍛える調教が適しているといった内容になります。ただし距離が短いから坂路でスピードを鍛えて、距離が長いからトラックでスタミナを鍛えるという考え方は非常に一般的なものです。

2008年の天皇賞春を制したアドマイヤジュピタは坂路中心の調教で鍛えられていました。前記のような考え方ではとても3200mを克服できる調教内容だとは思えませんよね。しかし実際には直線でメイショウサムソンとの抜きつ抜かれつの叩き合いを制して、スタミナのある一面も見せています。

実はアドマイヤジュピタの場合、調教欄に記載されている調教内容は坂路が中心ですが、

第7章 調教適性という考え方

実際の追い切りではDWコースを1周した後に坂路で追い切っているため、調教欄には記載のない併用調教になっています。これはアドマイヤジュピタに限ったことではなく、ダンスインザダークとザッツザプレンティで菊花賞2勝を挙げている橋口厩舎も同様です。

橋口厩舎の場合は、追い日は坂路だけですが、火曜日や金曜日といった追い切りを行なわない日にDWで時計にはならないキャンターを乗ることが通常の調教メニューとなっています。ですから調教欄で見ると、坂路調教なので距離が保たないと判断してしまいがちですが、実際には調教欄に記載のない調教内容もこなしているわけで、それを理解するためには厩舎というカテゴリーで競走条件に対する適性を見れば良いと思います。

ザッツザプレンティが勝った2003年菊花賞の2着馬は音無厩舎のリンカーンだったわけですが、この5年後の菊花賞では音無厩舎のオウケンブルースリが1着となり、2着には15番人気フローテーションが入って馬連17820円という波乱を演じました。このように厩舎ごとの競走条件における適性を知っているだけでも簡単に万馬券を獲ることができるのが調教適性なのです。

フィリーズレビューに見る調教適性

競走条件に対する調教適性と言っても、どんな条件でもその傾向が顕著に表れるわけではありません。やはり競走条件によって、その傾向が出やすい出にくいが分かれてきます。

非常に傾向が出る条件として「阪神芝1400m」を取り上げてみたいと思います。この条件で行われる重賞としては阪神カップや阪急杯、そして3歳牝馬の桜花賞トライアルであるフィリーズレビューがあります。

このレースは「坂路追い切り時計（4F）が出走メンバーで一番」という馬が馬券圏内に絡み続けています。2007年は51・2秒のアストンマーチャンが1番人気1着（単勝110円）、2008年は51・4秒のベストオブミーが7番人気2着（複勝540円）、そして2009年のレディルージュが52・9秒で15番人気3着（複勝2220円）となっています。

坂路で速い時計を出すことができる馬というのは実戦においてもテンからトップスピードに乗ることができます。阪神芝1400mを制するためには後方からの末脚が必要ありません。スピードを活かして先行し、最後の坂をスピードを落とさない程度の脚力があれば十分に勝ち負けすることができます。このフィリーズレビューに代表されるように、好走する

第7章　調教適性という考え方

■阪神芝1400m 厩舎別成績 [データ期間：05年〜09年4月19日]

4F時計	1着	2着	3着	着外	複勝率	単回収	複回収
石坂正	6	3	3	18	40%	193	177
瀬戸口勉	6	0	2	11	42%	68	62
平田修	5	1	3	7	56%	111	119
佐々木晶三	5	1	1	28	20%	87	52
西浦勝一	4	5	3	21	36%	169	166
領家政蔵	4	3	2	15	32%	140	106
安田隆行	4	2	2	19	30%	182	151
鮫島一歩	3	3	3	18	33%	255	98
藤原英昭	3	3	3	5	64%	142	155
湯窪幸雄	3	2	2	21	25%	542	339
角居勝彦	0	0	1	20	5%	0	4

馬の調教内容に偏りが見られるのが阪神芝1400mなのです。

こういった特定の競走条件で偏りが見られるレースでは、厩舎別の調教適性にも偏りを見ることができます。それが表にした2005年以降の阪神芝1400mの厩舎別成績です。

この競走条件は本当に厩舎別の成績の優劣がはっきりしています。特に馬券的におすすめなのは、安田隆厩舎と湯窪厩舎です。どちらの厩舎も過去のフィリーズレビューでは複勝千円台の超人気薄が馬券に絡んでおり、阪神芝1400mの条件に出走してくれば、黙って買いの厩舎です。

開業して15年以上経つ安田隆厩舎に関し

■**安田隆行厩舎の阪神芝1400m激走馬** ※04年以前

年月日	レース	馬名	人気	着順	単配当	複配当
98.10.04	2歳未勝利	カノヤテイオー	11	1	4870円	860円
00.12.02	GスパーT	コンタクト	10	1	2960円	630円
03.04.06	マーガレットS	ホーマンアピール	11	1	4640円	940円
03.12.20	さざんかS	カリプソパンチ	7	1	1300円	360円

2005年以降の成績で単勝回収率182%、複勝回収率151%を記録していた安田隆行厩舎は、それ以前も阪神芝1400mで穴を多く出していた。

ては成績集計した2004年以前で阪神芝1400mで激走した馬を抜粋してみました。これを見れば「今も昔も変わらぬ」といった厩舎適性ぶりをご理解いただけると思います。

角居厩舎にとっては鬼門の条件

成績上位の厩舎にとっては適性抜群の阪神芝1400mですが、この条件には全く適性のない厩舎があります。それが開業して10年目にして、すでに過去2度の最多賞金獲得調教師賞を獲得している角居厩舎です。

その成績は上位10傑の最後尾に記しましたが、過去に延べ21頭が出走して連対もないという非常事態です。唯一の3着も2007年阪神牝馬Sのディアデラノビアが単勝1・4倍に支持されたレースでした。

角居厩舎の調教は坂路もトラック併用して、調教本数も非常に多い、関西でも調教量はトップクラスですが、最終追い

第7章　調教適性という考え方

切りで目一杯に追うことはほとんどありません。目一杯追うことがないので、全体の追い切り時計も決して速くなく、ラスト1Fが非常に鋭い動きの内容が多くなります。この調教方法がゲートが開いてからの先行力が重要となる阪神芝1400mには適していないのでしょう。

以前、角居調教師にPOGの取材でいろんなお話を伺った際に「最初から1200mしか走れない馬を造りたくない」という言葉が出てきました。これは私が「角居厩舎にはスプリンターって少ないですよね」というフリから出た言葉だったんですが、「スプリンターにしようと思えば、テンから急がせるような調教をすれば対応できるかも知れないけど、そうすると番組の選択肢も少なくなるから、できるだけいろんな距離に対応できるように折り合いを重視した調教を行っている」と解説してくださいました。

要するに角居厩舎は意識的に短距離対応の調教はしていないということです。ですから阪神芝1400mでの成績が不振なのは当然でしょう。

そんな競走条件に対して「短距離向きではないと分かっているのに何故使うの?」という疑問もあるかと思いますが、フィリーズレビューを使ったディアデラノビアやミクロコスモスは「権利を取って桜花賞」という他のレースでは代用が利かない場面だったのです。これ

を「負けられないレース」としてメディアも取り上げるので、過剰に人気もしてしまうのだと思います。
この状況をしっかり把握できていれば、逆に阪神芝1400mに調教適性が高い厩舎を積極的に狙うことができるのです。

第8章 主要コースの調教適性

東京芝1400m

あまり激しいペースにならないため、スピード系の調教が有利

スタートして下り上りのアップダウンがあるので、ダート1300mと非常に似た形状ではありますが、コーナーの入りがゆったりしているため、あまり激しいペースにはなりません。よって先行することに長けたスピード系の調教をこなしているような馬の先行押し切りは珍しくありません。スピード系の調教とは芝コースで追い切った馬のことで、2008年京王杯2歳Sのゲットフルマークス（単勝6190円）がそれに該当します。また坂路追い切りで馬なりながら好時計をマークするタイセイハニー（単勝4260円）のような追い切りにも注目です。

■2008年11月22日　1000万下（8番人気1着）出走時　中2週

⑩タイセイハニー〔動きキビキビ〕						(→)
08.6ﾗｽﾄ美坂良	2回	48.7	36.7	25.2	13.2	馬なり余力
助手■美坂良	2回	49.4	36.2	23.9	11.9	一杯に追う
安光◇美坂良	2回	51.5	37.7	25.4	12.9	馬なり余力
安光12美坂良	2回	51.3	37.0	24.8	12.7	馬なり余力
助手16美坂稍	2回			31.7	13.5	馬なり余力
安光19美坂良	2回	50.1	36.7	24.7	12.5	馬なり余力

第8章　主要コースの調教適性

東京芝1600m

下級条件や牝馬限定戦では、「坂路+馬なり+好時計」に注目！

1400mよりもホームストレッチが長い分、ペースが速くなると思いがちですが、直線の長さを意識して逆にゆったりと流れることが多くなります。そういった流れになりやすい下級条件や牝馬限定戦では1400mと同じように坂路追い切りで馬なり好時計を出せる馬が好走します。エイダイセルリア（単勝5310円）、サマーアクトレス（単勝6010円）がその該当馬です。またNHKマイルCや安田記念といったGIになると、さすがに道中の運動量と直線の瞬発力が必要になるので、坂路である程度の強さと本数が好走の鍵を握ります。

■2009年2月15日　500万下（12番人気1着）出走時　中11週

⑯エイダイセルリア〔追走併入で良〕						→
07.11ｼﾞｬﾌﾟ美坂良	1回	51.3	37.0	24.6	12.4	馬なり余力
助手■南W良		69.4	55.0	40.6	13.0	③一杯に追う
助手◇南D良		70.3	54.8	40.2	13.0	⑧馬なり余力
助手25美坂稍	1回	58.2	43.3	29.1	14.8	馬なり余力
28美坂1回52.2 37.5 12.1なり　併せ　先行0.4秒先着						
助手　4南D良		68.4	53.7	39.6	12.9	⑧強目に追う
パピオンライン（三柵）馬なりの外先行0.2秒遅れ						
助手11美坂良	1回	51.2	—	24.4	12.6	馬なり余力
タケデンエンデバー（新馬）一杯を0.7秒追走同入						

145

東京芝1800m

トラック調教馬に有利な条件で、特に「P追い」が非常に安定

1コーナーと2コーナーの中間地点からスタートしてバックストレッチへと入る、ややトリッキーな形状をしています。その影響なのか、1400mや1600mで好走していた坂路調教馬よりも圧倒的にトラック調教馬に有利な条件に変身します。特にポリトラック馬場が新設されてからは「P追い」に安定した走りを見せています。特に2歳3歳限定の重賞である共同通信杯と東スポ杯2歳Sはポリトラック追いの連勝が継続しています。もちろん古馬の条件でもダブルヒーローが500万下を単勝5070円で勝っているので、幅広くP追いを狙ってください。

■2008年11月22日　東スポ杯2歳S（9番人気1着）出走時　中2週

⑤ナカヤマフェスタ〔追走併入で良〕　→
08.10トト南P良　　　63.9 49.1 36.7 12.3 ④馬なり余力
小久■南P良　　　　63.9 49.1 36.7 12.3 ④馬なり余力
蛯名12南W良　　　 66.7 52.3 38.2 13.3 ⑥馬なり余力
ロイヤルダリア（二500万)馬なりの内追走同入
助手16南W稍　　　　　　　 42.2 13.2 ⑥馬なり余力
小久19南P良　　　 64.8 50.3 37.3 12.6 ⑤馬なり余力
エイブルベガ（古500万）馬なりの内追走同入

第8章 主要コースの調教適性

東京芝2000m

下級条件はトラック調教がやや有利だが、天皇賞秋は坂路で本数の多い馬

改装前は2コーナーのカーブが鋭角すぎたため、不利が多かったこの条件ですが、新装されてからは多少不利も解消されるようになりました。その影響もあって、以前ほど「坂路とトラックで本数多く」でなければ好走できない条件ではなくなったように思います。

コーナーカーブが緩くなった影響で、下級条件においては1800mに近い調教適性が要求されるようになりました。

天皇賞秋については、直線での瞬発力比べが重要なので、2007年と2008年は連続して坂路で本数多い調教タイプが優勝しています。

■2008年11月2日　天皇賞秋（1番人気1着）出走時　中2週

14 ウオッカ〔抜群の行きぶり〕						
07.11ｽﾌﾟﾘﾝﾀｰｽ栗坂良	1回	50.2	36.6	24.1	―	一杯に追う
武豊■栗坂良	1回	52.2	38.2	25.3	12.9	馬なり余力
栗東プール10月16日 4周　17日 6周　18日 6周						
20栗坂1回57.2	―	13.9なり	22栗坂1回62.5	45.5	14.7なり	
助手23栗坂稍	1回	52.7	38.5	24.8	12.4	馬なり余力
助手26ＣＷ良		68.1	52.9	38.9	12.9 ⑨	馬なり余力
トーセンキャプテン（古ｵｰﾌﾟﾝ）馬なりの外追走3F併同入						
武豊29栗坂良	1回	52.2	37.5	24.7	12.5	馬なり余力
助手31栗坂良	1回	63.7	46.6	30.0	14.8	馬なり余力

東京芝2400m

栗東坂路でラスト1F最速ラップか美浦の「P追い」が好走

距離が長くて、馬場が広くて、直線も長い。このイメージが近年のこの条件をスローペース症候群に陥らせています。その結果、ダービーでは2007年、2008年と連続して、最終追い切りを栗東坂路でラスト1F最速ラップ踏んだ馬が優勝しています。つまり残り800m（4F）地点から徐々にラップを速くしていき、ゴール前200m（1F）で最速の脚を使うということですね。これに対抗するのが美浦のポリトラック馬場です。2008年JCのスクリーンヒーロー（単勝4100円）をはじめとして、最近ではレースの格に関係なくP追いが好走しています。

■2008年11月30日　ジャパンC（9番人気1着）出走時　中2週

```
16 スクリーンヒーロー〔攻め手控も気合良〕 →
08.10ﾍﾞｽﾄ南P良      64.7 51.0 37.6 12.7 5 馬なり余力
水出 ■南P良        68.2 53.6 39.2 12.8 5 馬なり余力
----------------------------------------
水出19南P良        71.2 55.8 41.6 12.7 6 馬なり余力
シーレイダース（古500万）馬なりの外先行同入
水出24南P良             55.8 41.8 12.5 6 馬なり余力
ダイワルビア（古1000）馬なりの外先行同入
水出26美坂良     1回 59.6 44.4 29.7 14.9   馬なり余力
水出27南P良        70.5 55.0 40.0 12.2 7 馬なり余力
ダイワルビア（古1000）馬なりの外追走同入
```

第8章　主要コースの調教適性

東京ダ1300m

トラックで一杯に追われた馬が大穴をあけるコース

スタートして200mの間に下って上ってのアップダウンがあり、その後に3コーナーへ進入するという忙しいコース形状のダート短距離戦です。ここで息が入らないような展開になってしまうと、直線で末脚を伸ばすのがトラックで一杯に追われた馬です。単勝10310円の大激走を見せたイチライタッチをはじめとして、ブイチャレンジ（単勝4710円）など大穴激走の可能性を秘めた調教タイプなので、この条件で調教欄に「一杯」という表記があれば、前走の着順や人気を無視して積極的に単複で狙ってみてください。

■2009年1月31日　1000万下（14番人気1着）出走時　中1週

④イチライタッチ〔変わらず〕		↔
06.6㌔南W良	61.5 47.9 36.2 13.1	②馬なり余力
助手■南W良	61.5 47.9 36.2 13.1	②馬なり余力
助手◇美坂良	2回 52.8 38.9 25.6 12.9	馬なり余力
助手28南W良	65.9 51.5 38.4 12.9	①一杯に追う

東京ダ1400m

トラックと坂路の併用調教馬や坂路で本数多い馬に適性が高い条件

1300mと比較すればスタートしてからの下りが長いため、オーバーペースを嫌うジョッキー心理が働きます。そのため、比較的息の入りやすい前半になることが多く、1300mと比較すれば平均ペースで流れる短距離と言えます。よってトラックと坂路の併用調教馬や坂路で本数多く調教を積んでいる馬に適性が高い条件です。2009年の根岸Sを勝ったフェラーリピサも間隔は空いていましたが、豊富な調教量でこの条件を制しています。また500万下でもグラインダーが単勝9780円と激走するなど、下級戦で人気薄の併用調教には要注意です。

■2009年2月1日 根岸S（4番人気1着）出走時　中19週

⑪フェラーリピサ〔ひと追い毎に良化〕						
08.3^{ヵ月}栗坂良	1回	49.5	36.8	24.7	12.4	一杯に追う
岩田 ■函W良		60.7	47.7	36.2	13.0	⑧一杯に追う
*助手 4CW良	87.4	70.4	55.1	41.5	13.1	⑨馬なり余力
助手 7CW良		73.5	58.4	43.5	14.9	⑨馬なり余力
助手11CW良	82.8	67.7	53.3	40.7	13.2	⑨馬なり余力
助手17CW良	81.1	66.1	52.3	39.3	13.3	⑦馬なり余力
*助手 5栗坂稍	1回		46.0	27.9	13.0	馬なり余力
助手 8CW良	82.6	67.7	53.9	40.4	12.9	⑨馬なり余力
助手11栗坂重	1回	63.1	45.3	28.9	13.1	馬なり余力
14栗坂1回53.1	38.8	13.2なり	18栗坂2回	—	45.1	—なり
岩田21栗坂良	1回		—	—	13.3	一杯に追う
ケイアイテンジン（三500万）一杯を追走0.6秒遅れ						
助手25栗坂良	2回	60.5	42.2	26.7	12.5	馬なり余力
岩田28栗坂良	2回	53.0	—	24.6	12.5	一杯に追う

第8章 主要コースの調教適性

東京ダ1600m

タフさが求められるレースになりやすく本数多いタイプが上位を独占することも

スタート地点に芝があり、バックストレッチが600mほどあるために比較的流れが厳しいレースになります。特に重賞ともなれば、その流れは速くなるので、より一層のタフさが求められます。その結果として2008年武蔵野Sのように1着から3着までを本数多い調教タイプが独占するということは珍しくありません。もちろんGIのフェブラリーSでも本数多い調教タイプが好走しており、2009年はCWと坂路を併用して本数多く仕上げたサクセスブロッケンがこれまでは敵わなかったカネヒキリやヴァーミリアンを倒しています。

■2009年2月22日　フェブラリーS（6番人気1着）出走時　中2.5週 前走 川崎記念

```
15 サクセスブロッケン〔好調持続〕
08.12 ^^ 栗坂良    1回 51.9  ―   25.6 13.2  一杯に追う
松田 ■栗坂良      1回 53.4  ―   25.1 12.5  一杯に追う
松田 ◇栗坂良      1回  ―    ―   26.0 13.0  馬なり余力
栗東プール 2月 1日3周
*松田12栗坂良     1回 54.7 40.1 26.5 13.3  馬なり余力
 助手15DW稍              42.7 12.3 ⑧馬なり余力
 松田18栗坂稍     1回 53.4 39.1 25.6 12.9  末強目追う
```

東京ダ2100m

今後は標準的な調教よりも一杯の調教が多い馬の好走が予想される

中山ダート1800mよりも距離が300mも延びますが、好走する調教タイプは非常に似通っていて、トラックで標準的な強さを標準的な本数調教していれば十分です。ただメンバー構成などによってはペースが速くなり、一杯に追われている馬が結果を出す場合もあります。未勝利戦のトーセンルーチェ（単勝4770円）などがそのパターンにあてはまります。そして東京ダートに関しても、2009年から砂厚が8センチから8.5センチに変更しているため、今後は標準的な調教よりも一杯の調教が多い馬の好走が予想されます。

■2009年2月15日　3歳未勝利(10番人気1着)出走時　中5週

⑭ トーセンルーチェ〔乗り込むも平凡〕 (→)
08.12ﾁｬ南W重　　64.5 50.5 37.6 12.9 ④一杯に追う
内博◇南W良　　64.9 50.4 37.5 13.4 ①一杯に追う
美浦プール　1月 8日
美浦プール　 9日 2周　10日 2周　13日 2周　14日 4周
美浦プール　15日 4周　16日 4周　20日 4周　21日 4周
美浦プール　22日 2周　23日　　　24日　　　27日
美浦プール　28日 2周　29日　　　30日　　　2月 3日
美浦プール　 4日　　　 5日　　　 6日　　　10日
助手14美坂良　1回 63.7 43.9 28.2 14.2　馬なり余力
助手21南W良　　67.1 52.3 39.1 13.6 ①叩き 一杯
ヤマニンバッスル(三500) 馬なりの内先行4F付1秒遅れ
助手28南W良　　66.6 51.9 38.7 14.1 ①一杯追バテ
ヤマニンバッスル(三500) 強目の内1.5秒遅れ
伊エ 4南W良　　65.1 51.5 38.8 13.3 ①一杯に追う
アーリンダル(三櫨) 馬なりの内同入
助手11南W良　　66.9 52.2 38.0 13.0 ①一杯追バテ
ソラウララ(新馬) 馬なりの内0.4秒遅れ

第8章 主要コースの調教適性

中山芝1200m

1600万下までなら美浦坂路調教馬の激走がある

外回りバックストレッチの中程がスタート地点になります。そこから下りながらおむすび型の3、4コーナーを回って直線の坂での叩き合いになります。このスタート地点から直線入口までの約900mが、新装した美浦坂路の調教馬場の形状に似ています。それが近年の美浦坂路調教馬の好走に繋がっているのでしょう。スプリンターズSのような流れが厳しいレースになると、直線の坂で叩き合いに強い脚力を持った栗東坂路調教馬にやられてしまいますが、1600万下までならタケデンノキボー（単勝5860円）のようなタ激走が期待できます。

■2008年9月20日　セプテンバーS（14番人気1着）出走時　中5週

④タケデンノキボー〔追って伸び上々〕					↔
06.4ﾍﾞｽﾄ美浦稍	1回 48.3	36.3	25.3	13.4	馬なり余力
助手■美坂良	1回 55.0	38.2	24.2	12.2	馬なり余力
黛　12美坂良	1回 51.4	38.3	26.0	13.5	強目に追う
助手14美坂良	1回 56.1	42.3	28.7	14.7	馬なり余力
助手17美坂良	1回 53.1	38.9	25.5	12.5	末一杯追う

中山芝1600m

流れが平均以上であれば、調教本数豊富な馬が活躍

スタートして400mもすると直角に近いカーブを曲がらないといけないトリッキーで有名なコース形状をしています。そんなわけで前半2Fで隊列が決まるような流れになれば、調教による適性以上に枠順の有利不利が出ますが、流れが平均以上であれば、調教本数豊富な馬が大活躍します。その代表例が2006年ダービー卿CT。3連単125万という超波乱レースでしたが、1着～3着すべて坂路で調教本数の多い馬でした。坂路とトラックを併用して調教本数多い馬にも適性が高いコースなので、該当する調教欄には要注意です。

■2006年4月2日　ダービー卿CT（11番人気1着）出走時　中1週

```
11 グレイトジャーニー〔動きマズマズ〕            →
04.12ﾀﾞｰﾄ栗坂良  1回 50.5 37.1 24.9 12.5  末一杯追う
助手■DW良       80.1 64.7 51.3 38.9 13.5 8一杯に追う
助手◇DW稍       81.5 65.9 51.9 39.6 13.3 8馬なり余力
-----------------------------------------------------
助手26栗坂良     2回 60.7 44.6 29.6 14.7  馬なり余力
助手29栗坂重     1回 52.3 38.2 25.1 12.4  一杯に追う
助手31栗坂稍     2回 58.4 43.1 28.4 13.8  馬なり余力
```

第8章 主要コースの調教適性

中山芝1800m

息を入れながら走るためトラック調教馬が有利

　ホームストレッチの坂下からスタートして、1コーナーまでの距離が短いことで、先行争いが激化しやすい条件です。そして道中の流れが緩むことがないので、坂路単一調教馬だと追走一杯になってしまいます。その点、普段から円形馬場で息を入れながらの走りを鍛えているトラック調教馬にとっては有利です。
　また直線は坂路調教馬の差し脚が鈍るため、結局トラック調教馬の先行押し切りになります。中山記念を連覇したバランスオブゲームがその象徴例でしょう。頭数が少なく、スローペースが予想されるレース以外では併用を信頼しましょう。

■2006年2月26日　中山記念（6番人気1着）出走時　（中3週）

```
⑥バランスオブゲーム〔動きキビキビ〕　　　　→
田勝 ■南W良　　　　　68.6 52.5 38.1 12.6 ⑤強目に追う
木幡 ◇美坂稍　　　　2回 50.8 38.1 25.5 12.6　馬なり余力
助手 12北C良　　　　　　　　54.1 39.5 12.4 ⑦馬なり余力
助手 15北C良　　　85.0 68.8 53.3 39.1 12.9 ⑥馬なり余力
助手 22北C重　　　79.7 64.8 51.1 38.0 12.6 ⑦強目に追う
　スッキリ見せる馬体ではないが前走時より
締まっていることは確か。迫力は今ひとつも、
キビキビした動きに上昇気配は窺える。
助手 25美坂稍　　　　　60.5 44.4 29.4 14.7　馬なり余力
```

中山芝2000m

ゆったりとした流れになり坂路、併用調教が有利な条件

1800mに比べて、たった200m距離が延びただけなのですが、トラックよりも坂路、併用調教馬が有利な条件に変化します。

これは1コーナーまでの距離が長くなり、スタートしてからの1Fは平坦なので、出たなりで好位置を取りに行くためです。また直線の坂が1F目の速度を緩める効果があるため、ゆったりとした流れで競馬を進めることができるのでしょう。ただし2度の坂越えやメンバー次第ではバックストレッチでの流れが速くなるため、調教本数が多い調教欄であることは強みになります。特に重賞では調教本数豊富な馬を重視しましょう。

■2008年4月20日　皐月賞（7番人気1着）出走時　中5週

```
⑥キャプテントゥーレ〔スピード感十分〕
07.10み栗坂稍  1回 49.8 37.4 25.1 12.7  一杯に追う
助手■栗坂稍   1回 49.8 37.4 25.1 12.7  一杯に追う
助手◇栗坂良   1回 51.0 37.6 24.5 12.3  一杯に追う
助手28栗坂稍  1回 56.1 40.3 26.2 12.7  末強目追う
30栗坂1回63.6 46.4 14.3なり  1栗坂1回62.3 46.4 14.8なり
2栗坂1回51.8 37.5 12.1叩一  4栗坂1回60.2 44.0 14.2なり
6栗坂1回56.0 40.2 12.8なり  8栗坂1回62.6 45.8 14.9なり
川田11栗坂不   1回 52.5 37.4 24.1 11.9  一杯に追う
プラチナメーン（三500万）一杯を0.3秒追走0.9秒先着
13栗坂1回63.3 45.9 14.3なり 15栗坂1回62.1 45.4 14.4なり
助手16栗坂良   1回 51.0 36.7 23.8 12.0  一杯に追う
助手17栗E重                      13.6  ゲートなり
```

第8章　主要コースの調教適性

中山芝2200m

**トラック、併用調教が有利
特に〈P追い〉に要注意！**

スタート地点は2000mとほぼ同じ地点ですが、3コーナーが非常に緩やかなカーブになっている外回りを通って一周します。比較的淀みなくレースが流れやすいため、坂路単一調教よりもトラック、併用調教馬の調教要素が重要になります。また調教本数が多いと有利にレースを進めることができます。そしてこの条件の大きな特徴として挙げることができるのがポリトラック追いの活躍。単勝14590円という大激走したトレオウオブキングをはじめとして、2008年セントライト記念を勝ったダイワワイルドボアなど重賞でも調教欄の「P」に注意です。

■2008年4月13日　湾岸S（16番人気1着）出走時　（中19週）

```
⑩ トレオウオブキング〔動き 今ひと息〕
 岩田 ■札ダ良    69.1 53.8 40.0 12.7 ⑧馬なり余力
 助手 ◇南W稍    66.0 51.5 38.4 13.6 ③一杯に追う
*助手 23南W稍    67.0 51.8 38.5 13.7 ③馬なり余力
 矢原 26南W良    71.0 55.6 41.3 14.2 ③強目に追う
 矢原 30南W良         59.3 44.6 14.7 ⑧馬なり余力
 矢原  2南P良    64.8 50.3 37.8 12.8 ⑥一杯に追う
 セニヒカリヲアビテ（三栗）一杯の外追走1秒先着
 草野  6南W良    66.0 51.0 37.7 12.6 ②馬なり余力
 矢原  9南P良    64.7 50.9 38.4 14.0 ④一杯に追う
 マイネルグロッソ（古500万）一杯の内0.6秒遅れ
```

中山芝2500m

トラック調教馬が有利 中でも〈P追い〉は目立って好成績

外回りの3コーナー付近からスタートして内回りを通って一周します。スタート地点のカーブが影響するため、トラック調教馬が有利にレースを進めることができる条件です。なかでもポリトラック追いは目立って好成績を残しています。その筆頭が2007年の有馬記念を制したマツリダゴッホ（単勝5230円）で、翌年に行われた同距離の日経賞でもP追いで優勝しています。ちなみにこの条件をP追いで制した馬は1000万下から迎春Sを連勝したビービーファルコンのように続けて好走するケースがあるので、非常に特徴的な条件だと言えます。

■2007年12月23日　有馬記念(9番人気1着)出走時　中7週

```
③マツリダゴッホ〔豪快な伸び脚〕                              (→)
蛯名■南W良       65.1 50.8 37.4 12.5 ⑧馬なり余力
蛯名■北C良◇      65.5 50.3 36.5 11.8 ⑥強目に追う
美浦プール 10月30日
美浦プール     31日    11月24日     25日      27日
美浦プール     28日       30日   12月 4日      8日
美浦プール     12日       13日      19日      20日
助手28南W稍       66.9 52.2 38.8 13.2 ⑥馬なり余力
助手 2南P良       69.0 53.7 39.5 12.8 ⑤馬なり余力
助手 5南P良       64.1 49.8 37.3 12.6 ⑤馬なり余力
グレートバルサー(古1600万)馬なりの内追走0.2秒先着
助手 9南P良       70.9 56.2 41.8 13.4 ⑥馬なり余力
蛯名12南P良       65.9 51.1 37.9 12.4 ⑥馬なり余力
マイネルシーガル(古オープン)馬なりの内追走同入
助手15美坂良       1回    ― 30.4 14.4  馬なり余力
助手16南P良            57.9 42.9 13.5 ⑧馬なり余力
蛯名19南P良       81.8 65.9 50.9 37.1 12.2 ④G前仕掛け
ソニックルーラー(古1000)一杯の内追走0.6秒先着
```

第8章 主要コースの調教適性

中山ダ1200m

坂路調教有利で、特に坂路で本数多い馬は前走度外視

スタート地点が芝になっているため、先行争いが激化して重賞などでは直線で大勢がガラリ一変する珍しい短距離戦です。その要因ともなるのが直線の坂なので、やはり坂路調教馬にとっては有利な条件です。未勝利戦ではペースがさほど速くないため、豊富な調教本数を活かして逃げ切ることも珍しくありません。単勝8020円の激走を見せたアイオロスシチーは新馬戦で大惨敗し、中間の調教時計も決して速くなかったので人気になりませんでしたが、好発を決めて逃げ切ってしまいました。調教欄の「坂路本数多い」は前走度外視です。

■2008年1月19日　3歳未勝利（13番人気1着）出走時　(中3週)

```
① アイオロスシチー〔あまり変わり身無〕 (→)
助手 ◇美坂良    1回 53.1 38.7 25.6 12.7   一杯に追う
助手31美坂稍    1回 64.4 45.5 30.1 14.9   馬なり余力
  3美坂1回59.5 43.6 14.0なり 併せ 先行0.2秒先着
助手  6美坂良    1回 59.5 41.9 28.2 14.5   馬なり余力
助手 10美坂良    1回 55.9 40.8 27.1 13.1   末強目追う
助手 16南P良           69.1 54.1 40.7 13.6 ⑤馬なり余力
ホワイトチャーム（三橋）馬なりの外同入
```

中山ダ1800m

パワーが必要な馬場に変わり一杯追いがモノを言う

2008年までは直線に坂があるとはいえ、一般的な楕円のコース形状をしているので、トラックで標準的な強さと本数の調教をしていれば好走できる条件でした。ところが2009年になって、これまでは8センチだった砂厚が8・5センチに調整されました。これでパワーが必要な馬場になりました。その事実を顕著に示したのが2009年のマーチSです。前走オープンを勝ったばかりのダイショウジェットは13番人気と低評価でしたが、トラックでの一杯追いでパワフルな調教をしていたため2着を確保します。これからは調教欄の「一杯」がモノを言う条件です。

■2009年3月29日　マーチS（13番人気2着）出走時　　中1週

⑯ダイショウジェット〔馬体の張り上々〕	→
06.8ラストCW良　　80.4 64.9 51.1 37.5 12.1	⑦一杯に追う
助手■CW良　　　　84.1 67.8 53.8 40.3 13.5	⑥叩き一杯
助手25CW良　　　　83.6 68.1 52.9 38.8 13.2	⑧一杯に追う

第8章 主要コースの調教適性

京都芝1200m

コーナリングが鍵だけに栗東Bコースがぴったり

内回りで行われるため、コーナリングをタイトにこなせる馬が有利な条件となります。しかもコーナーである程度加速がつくような馬でなければいけません。この条件にぴったりの調教馬場が栗東Bコースです。トラック調教馬場の中でもコーナーが一番きついコースなので、普段からタイトなコーナリングを練習することができ、追い切りで3、4コーナーでの加速をつける技術も身に付きます。

2007年京洛Sを勝ったクールシャローン(単勝3080円)がまさにそれ。ちなみにBコースを常時追い切りに使用しているのは目野、鹿戸明、武田厩舎などです。

■2007年11月4日　京洛S（11番人気1着）出走時　中4週

```
17 クールシャローン〔この一追いで良化〕         (→)
小徹 ■札芝稍          69.6 54.7 39.7 12.4 ②馬なり余力
難波 ◇栗B重     80.3 66.2 52.3 39.0 12.6 ⑧馬なり余力
助手17栗B良          74.1 58.5 44.0 13.6 ⑧馬なり余力
助手24栗B良     88.9 69.9 54.5 40.0 11.8 ⑧馬なり余力
助手27CW重               52.7 38.5 12.6 ⑥馬なり余力
長谷31栗B稍     85.5 67.2 51.9 37.5 11.3 ⑨追って一杯
```

京都芝1400m内

坂路で鍛えたスピードで行き切ってしまえる条件

同じ内回りでもトラック（Bコース）で調教された馬が好走する1200mとは違って坂路調教馬が好走する条件です。坂路調教馬が好走する理由は2つ。まずひとつはこの条件は2歳、3歳の限定戦しか行われていないこと。まだ競走することになれていないのでコーナーをタイトに回るよりも坂路で鍛えたスピードで行き切ってしまう方が手っ取り早いのです。もうひとつの理由は200mの延長は直線が延びるということ。この距離で加速をつけてしまえばコーナーでついたスピードをそのまま維持すればよいからです。向正面でついたスピードで加速する必要はなく、

■2008年11月29日　2歳未勝利（6番人気1着）出走時　中1週

③キンセイポラリス〔軽目の調教で十分〕　(→)
```
08.11 ﾁｬｰﾄ栗坂良    1回 56.5 41.6 27.5 13.8   叩き一杯
助手◇栗坂良        1回 56.5 41.6 27.5 13.8   叩き一杯
栗東プール 11月19日 1周   20日 3周   21日 4周
田村27栗坂良       1回 59.6 44.4 29.2 14.3   馬なり余力
```

第8章　主要コースの調教適性

京都芝1400m外

速い脚を長く使うために
「適度な強さを本数多く」

坂路調教馬が有利というのは内回りと変わりありません。ただ外回りになることで調教量が重要になります。強さは強目以上、本数は標準以上（例えば中3週であれば5本以上）がベストの調教。これだけ運動量が必要になる理由は3コーナーの「上り下り」。どうしても下りでスピードに惰性がつく外回りは速い脚を長く使う必要があります。これに対応するのに最も適しているのが適度な強さを本数多く乗ること。スピードの持続にはこれが一番です。特に基礎体力が完成されていない2歳、3歳戦（ファンタジーSなど）は傾向が顕著です。

■2008年11月9日　ファンタジーS（13番人気1着）出走時　中4週

```
③イナズマアマリリス〔順調に乗り込む〕          (←→)
栗東プール 10月23日 2周   24日 3周   25日 3周   30日 3周
助手 19栗坂良   1回 61.2 45.5 30.6 15.2  馬なり余力
金折 22栗E良           13.0 12.8 13.9  ゲートなり
助手 26栗坂重   1回 56.5 41.5 28.5 14.9  馬なり余力
池添 29栗坂良   1回 54.9 39.9 25.9 12.9  一杯に追う
イナズマチーター（二柵）一杯に0.9秒先着
 2坂1回55.2 40.4 13.4なり 併せ 追走クビ差先着
助手  5栗坂良   1回 54.2 40.0 27.0 13.7  強目に追う
ヴェイルドクリス（古500万）馬なりと同入
```

京都芝1600m内

**息を入れながら走れる
トラック調教馬が有利**

内回り1400mと同じく2歳、3歳の限定戦しか行われない条件なので、坂路調教馬がスピードで押し切ってしまうこともありますが、200m距離が延びることで1400mほど坂路調教馬は有利ではありません。やはりトラック調教で息を入れながら走ることに慣れている馬が有利です。更に重要なのは調教の本数。通常の新馬戦であれば標準量の調教本数で十分勝ち負けできますが、この条件になると、調教本数が最大の武器になります。特に最終追い切りで併せ馬先着しているような気性的な前向きな馬には適しています。

■2008年10月19日　新馬（5番人気1着）出走時　　　初出走

```
5 テスタマッタ〔幾分重目残り〕              →
 6栗坂1回61.6 45.8 15.4なり  15栗坂1回59.4 44.8 15.4なり
17栗坂1回56.6 42.1 14.6なり  21栗坂1回58.6 43.1 14.8なり
川田24栗E良                        14.8 13.9  ゲートなり
助手26栗E良                        14.7 14.6  ゲートなり
28栗坂1回59.3 43.4 14.0なり  30栗坂1回60.5 45.9 16.2なり
助手 2栗E良                        13.6 13.3  ゲートなり
助手 5栗坂良    1回 55.2 41.2 28.1 14.4  馬なり余力
助手10栗E良                   13.6 13.6 14.9  ゲートなり
助手12栗坂良    1回 56.9 42.9 29.3 15.1  馬なり余力
川田15DW重    88.2 71.1 54.7 41.2 13.1 ⑧馬なり余力
ロックスピリッツ（古1600》馬なりの内ク先着
助手17栗坂良    1回 61.6 45.7 30.7 15.2  馬なり余力
```

第8章 主要コースの調教適性

京都芝1600m外

時計が掛かれば運動量豊富な調教が理想

外回りの1400m同様、調教本数が重要になります。200mの距離延長で全体的な走破スタミナも必要となりますし、道中の流れ次第では調教量の少ない馬が大凡走することも少なくありません。ですからトラックと坂路を併用しているような運動量豊富な調教タイプは理想的です。特に少し時計が掛かるような馬場状態になるとこの調教タイプの好走が目立っています。また1、2月の開催では芝が重くなり、トラック主体に調教された厩舎に適性が高くなります。2008年京都牝馬Sのアドマイヤキッスなど勝ち鞍を量産する松田博厩舎には要注意です。

■2008年2月3日　京都牝馬S（2番人気1着）出走時　　中6週

```
③アドマイヤキッス〔最近で一番の動き〕      （→）
06.11ﾋﾞDW良 ⑦95.3 80.7 66.1 52.5 39.0 12.4 ⑧一杯に追う
高田■DW稍 ⑦99.2 82.8 66.8 52.8 39.2 12.6 ⑨一杯に追う
高田◇DW良       83.1 67.6 52.2 39.1 12.7 ⑨一杯に追う
助手 6栗坂良   1回 61.6 44.5 29.3 14.6    馬なり余力
高田 9DW良       87.5 70.9 56.5 42.6 13.4 ⑧馬なり余力
助手13栗坂重   1回 59.2 43.2 28.2 14.0    馬なり余力
助手16DW重       86.0 70.6 56.3 42.2 12.7 ⑨一杯に追う
高田19CW稍           73.5 57.0 41.2 12.1 ⑨馬なり余力
高田23CW不       85.6 70.2 56.0 42.6 13.9 ⑨追って一杯
高田26DW重           71.3 55.3 40.4 11.8 ⑨直一杯追う
高田31DW重       88.0 71.6 55.2 40.8 11.5 ⑨一杯追伸る
```

京都芝1800m外

前半のペースで有利な調教が大きく変わる

バックストレッチの距離が非常に長く、前半のペースによって有利な調教タイプが大きく変わるといってよいでしょう。あまりに極端なスローペースになれば最後の直線だけの瞬発力勝負となってしまい、馬ナリ系のスピードある馬に有利になってしまうこともあります。しかし淀みなく流れて3角途中で鞍上の手が動きまくるような流れであれば、トラックと坂路を併用して一杯に追われているような調教に耐えた馬の出番。特に新馬や未勝利戦で穴をあけることが多く、シルキーレオン（単勝2300円）など単勝で狙いたい配当です。

■2008年2月24日　新馬（8番人気1着）出走時　[初出走]

```
2 シルキーレオン〔遅れも好時計〕                          →
 助手10栗E良         14.6 12.7 15.3   ゲート強目
 助手13栗坂重     1回 63.4 45.2 29.2 14.3   馬なり余力
 17栗坂1回57.2 42.6 14.2なり 併せ 先行0.2秒先着
 助手23栗芝不        70.7 55.8 41.5 12.4 ④馬なり余力
 ミッシェルシチー（新馬）馬なりの内同入
 助手27栗芝重     1回 60.8 45.1 29.7 14.6   馬なり余力
 助手31栗芝重    79.3 64.2 50.6 37.6 12.1 ③強目余力
 アミーゴシチー（三稠）叩一杯の外0.1秒先着
 今村 7CW重     84.6 68.3 54.7 41.5 15.0 ⑨一杯追バテ
 アミーゴシチー（三稠）一杯の外1.3秒遅れ
 助手11栗坂稍     1回 63.1 45.9 29.1 13.5   馬なり余力
 助手15栗坂稍    1回 51.4 38.2 25.2 12.8   一杯に追う
 ローレルスプレーモ（三稠）一杯を0.7秒追走0.5秒先着
 助手20CW重     80.4 65.4 52.2 39.6 13.9 ⑦追って一杯
 ローレルスプレーモ（三稠）一杯の内先行4F付0.5秒遅れ
```

第8章　主要コースの調教適性

京都芝2000m内

調教コースは不問 とにかく本数が重要

コーナーが4つあるのでペースが落ち着く印象がありますが、意外に息を入れるところがない距離。よって馬ナリの単調な調教しかこなしていないような馬ではレースの流れに乗ることができません。トラックでも坂路でもよいので、本数多く調教することが非常に重要で、単勝9460円の大波乱を演出したヤマニンウイスカーのように後方から差し届かないような位置からでも先頭でゴールできるコースです。基本的には先行脚質で本数多く調教している馬が理想ですが、たとえ後方からの差し馬でも調教本数が多ければ不気味です。

■2008年11月23日　2歳未勝利（13番人気1着）出走時　中2週

```
⑯ヤマニンウイスカー〔素軽さ出る〕      →
08.10ｽDW稍    83.6 66.8 53.2 40.0 13.1 ⑧叩き一杯
助手◇DW良    84.9 66.9 52.1 38.5 12.3 ⑧一杯に追う
助手 9DW重              60.0 41.7 12.3 ⑧馬なり余力
助手12CW良    82.1 66.8 52.5 38.3 12.6 ⑦追って一杯
ウインヴェロシティ（新馬）馬なりの外同入
助手16DW稍              57.1 40.8 13.4 ⑧馬なり余力
ケイアイドウソジン（新馬）馬なりの内同入
岩田20DW良    83.8 67.2 52.6 39.0 12.4 ⑧馬なり余力
ミッキースター（古500万）一杯の内クビ先着
助手22DW良         72.9 55.7 39.8 12.2 ⑨強目に追う
```

京都芝2200m外

本数が多くて併用であれば鬼に金棒

内回りと非常に似たレースの流れになりやすく道中は息を入れるところがありません。よって本数多い調教の馬が好走する条件であることは確かですが、更に外回り特有の3角の上り下りがあります。したがってベストの調教タイプはトラック、坂路どちらも併用していること。また1、2月の京都開催になると本数が非常に重要になってきます。この時期に行われる重賞としては京都記念がありますが、2008年、2009年と連続して調教本数の多い馬が勝っています。条件戦も含めて本数が多くて、更に併用調教なら鬼に金棒です。

■2009年2月21日　京都記念（3番人気1着）出走時　(中7週)

```
⑨アサクサキングス〔内へモタれ〕        →
08.6ヲゝDW稍 ⑦92.7 77.5 63.1 50.1 37.7 11.9 ⑧強目に追う
助手 ■ DW良          67.8 52.2 38.6 12.6 ⑨強目に追う
助手 ◇ DW稍     82.2 66.9 52.6 39.0 12.1 ⑧一杯に追う
10栗坂2回     47.1 14.9なり 10栗坂   61.7 44.8 14.3なり
四位12DW良     82.6 66.2 51.7 38.6 11.9 ⑨叩き一杯
キーミヤビ（古500万）一杯の外追走3F併0.2秒遅れ
助手14栗坂不    2回 63.1 45.8 29.8 14.5  馬なり余力
15栗坂2回 57.4 41.6 12.8なり 併せ 追走0.1秒先着
四位18DW稍     85.4 68.6 53.6 39.8 12.0 ⑨馬なり余力
ブルーアース（古500万）強目の外追走ｸﾋﾟと先着
```

第8章 主要コースの調教適性

京都芝2400m外

3角の上り下りが勝負所だけに「坂路で本数多く」が有利

同じ外回りでも2200mに比べて道中のペースが落ち着きやすくなります。その要因はホームストレッチの長さにあります。スタートしてからの直線が長いため、無理に競り合うことをせずともポジションを取りやすいからです。こうなると勝負は3角の上り下り。ここを利用して有利に事を運べるのは坂路で本数多く調教を積んでいる馬です。時計が掛かる馬場になるとトラックで一杯に追われた馬が好走することもありますが、長い目で見れば2009年日経新春杯のテイエムプリキュア（単勝3440円）のように坂路で本数多くの継続購入をおすすめします。

■2009年1月18日　日経新春杯（11番人気1着）出走時　中3週

```
10 テイエムプリキュア〔デキ落ちなし〕         →
08.4 栗坂稍    1回 50.3 36.8 24.6  ―      一杯に追う
熊沢 ■DW良   82.3 67.3 53.4 39.9 12.3 ⑨強目に追う
荻琢 ◇栗坂良   1回 51.2 37.9 25.7 13.3    一杯に追う
栗東プール 12月24日 2周   25日 2周    26日 4周
栗東プール    27日 4周   28日 4周  1月 3日 4周    4日 4周
栗東プール     5日 4周                  8日 2周   13日 2周
助手29栗坂良   1回 64.7 45.6 29.6 14.7   馬なり余力
31栗坂1回57.9 40.5 13.3なり  5栗坂1回57.8 40.7 13.6なり
荻琢  8栗坂良  1回 52.9 40.1 27.7 14.7   叩き一杯
助手11栗坂重   1回 60.3 43.1 28.5 14.5   馬なり余力
荻琢14栗坂稍   1回  ―   ―   ―   ―      一杯に追う
助手17栗坂良         48.0 30.8 14.6   馬なり余力
```

京都芝3000m外

坂路は不可欠でトラック単一調教馬には厳しい

現在の番組構成だと万葉S、菊花賞しか行われていない条件です。昨年の菊花賞を勝ったのがトラックと坂路を本数多く調教されたアサクサキングス。同じ調教タイプの菊花賞馬ではデルタブルースがいますから、ロックドゥカンブ（1番人気3着）のようにトラック単一の調教ではなく坂路も併用、もしくは坂路を本数多くが理想の調教タイプです。もちろんこれは頭数が揃って超スローにならなければという前提であり、少頭数であれば坂路を標準的な本数こなしていれば、十分に勝ち負けできる調教タイプだと言えます。

■2007年10月21日　菊花賞（4番人気1着）出走時　　中3週

```
7 アサクサキングス〔前走以上の動き〕         →
08.6ﾁｬﾝDW稍 7 92.7 77.5 63.1 50.1 37.7 11.9 8 強目に追う
四位 ■ DW稍      85.4 68.6 53.6 39.8 12.0 9 馬なり余力
助手 4栗坂稍   2回 61.9 45.0  ─ 13.9    馬なり余力
助手 5DW稍        73.4 57.3 42.8 14.2 8 馬なり楽走
 7栗坂2回     48.2 14.8なり    8栗坂2回58.6 42.7 13.7なり
10栗坂2回     47.8 14.9なり   10栗坂   63.6 45.9 13.8なり
助手12DW良        85.0 68.5 53.1 39.2 11.8 9 一杯に追う
15栗坂2回62.4 45.6 14.2なり  17栗坂2回62.6 45.3 13.8なり
四位19DW良        83.7 67.6 53.7 40.1 12.0 9 馬なり伸る
トーセンアーチャー（古ｵｰﾌﾟﾝ）一杯の外追走0.7秒先着
```

第8章　主要コースの調教適性

京都芝3200m外

天皇賞春で馬券になる馬のほとんどが坂路で時計を出している

この条件は天皇賞春しか施行されていません。2006年以降の3着以内馬の調教タイプを見ると、ディープインパクトを除く全馬が坂路調教馬、もしくはトラックと坂路を併用している馬でした。よってよほど能力が抜けすぎている場合を除いては3000m同様、トラック単一の調教では苦戦するということでしょう。そして調教の量に関しても標準的な量で十分ではありますが、2007年の11番人気2着エリモエクスパイアのようにトラック、坂路を併用して本数多く調教を積んでいれば、重賞勝ちの実績がなくとも好走が期待できます。

■**2007年4月29日　天皇賞春（11番人気2着）出走時**　(中4週)

```
⑯エリモエクスパイア〔熱心に乗り込む〕      (→)
06.9※CW良  83.0 67.0 53.3 40.1 13.0 ⑧一杯に追う
助手 ■DW良  83.6 66.0 51.8 39.5 13.6 ⑧叩き一杯
助手 ◇DW良  84.6 67.8 53.2 39.9 12.6 ⑨一杯に追う
助手 8DW稍          54.7 40.1 13.4 ⑨馬なり余力
助手10栗坂良  1回 60.4 42.5 27.8 14.2     馬なり余力
福永12DW良  85.9 68.0 53.3 39.5 11.5 ⑨馬なり余力
シルクアヴァロン（古1600万）稍一杯の外追走同入
助手15栗坂良  1回 ─  42.1 27.8 14.1     馬なり余力
福永19栗坂稍  1回 52.9 38.2 24.9 12.7     一杯に追う
マンオブパーサー（古オープン）末一杯に0.9秒先行0.2秒先着
助手22栗坂良  1回 17.4 15.4 13.4         馬なり余力
福永26CW重  82.7 66.2 51.7 37.8 11.8 ⑧一杯に追う
```

京都ダ1200m

坂路、Bコース追い、ポリトラック追いに注意

基本的には坂路調教馬がスピードだけで押し切ることができてしまうような条件です。これと同等の評価ができるのは芝1200mに取り上げたBコース調教馬です。このコース自体がまさにBコースのような状況ですから、あっと驚く馬が好走します。特に初めて競馬することになる新馬戦ではコーナーリングが勝負を決めることが多いので、Bコース追いの馬が有利にレースを進めています。美浦のポリトラックも好成績で、500万下でローランバークが14番人気2着と穴をあけています。下地が似ているので今後、ポリトラック馬の関西遠征があるようだと要注意です。

■2009年1月17日　新馬(6番人気1着)出走時　　初出走

6　ナイジェラ〔遅れが気掛かり〕
```
助手27栗E良                      ― 15.3        ゲートなり
助手 3栗E良      12.8 14.9 16.5 14.7 14.7      ゲート強目
助手10栗E良           12.9 11.7 12.5 13.9      ゲート一杯
助手18CW良      86.7 70.0 55.1 41.3 13.9   ⑦叩き一杯
ジニオマッジョーレ(新馬)一杯の内先行5F付0.8秒遅れ
助手21CW良           74.9 59.3 43.6 13.0   ⑨馬なり余力
助手25CW稍      83.9 68.1 54.0 40.4 13.8   ⑦叩き一杯
トモロポケット(二500)馬なりの内先行5F付1.2秒遅れ
助手31DW良      87.1 69.0 53.3 39.7 12.5   ⑧叩き一杯
トモロポケット(三500)一杯の内先行4F付0.4秒遅れ
助手 3CW稍      87.3 71.6 58.3 44.7 15.0   ⑨一杯追バテ
ウォーターウィンク(三播)一杯の外4.5秒遅れ
助手 8栗B良      82.7 66.6 51.5 38.4 11.9   ⑦追って一杯
ワンダーアムール(新馬)一杯の内0.5秒遅れ
助手14栗E稍           14.8 14.8 15.4        ゲートなり
調師15栗B稍      81.2 66.8 52.6 39.6 13.5   ⑥追って一杯
ウォーターウィンク(三播)馬なりの内先行5F付0.6秒遅れ
```

第8章 主要コースの調教適性

京都ダ1400m

前半のペースが速いため坂路で本数多めが良い

1200mとの大きな違いは距離とスタート地点の芝。スタート直後に100mほど芝を走らないといけないので、必然的に前半のペースは速くなります。よって直線に向くと調教の本数によって鍛えられた運動量が重要となります。そして速い脚を長く使い続けるという意味ではトラックよりも坂路調教馬。なかでもキアーロ（単勝1170円）のように一杯追いを本数多く調教されている場合はハイペースのレースになると無類の強さを発揮します。ですからトラック調教馬が人気しているようなレースでは積極的に坂路調教馬を狙いましょう。

■2009年1月5日　500万下（7番人気1着）出走時　中1週

⑤キアーロ〔変わりなく順調〕　(→)

07.11ﾍﾟｯﾄ栗坂稍	1回 52.2	38.4	26.0	13.5	末強目追う
助手■栗坂良	1回 55.8	40.3	26.1	13.2	一杯に追う
助手◇栗坂良	1回 54.2	39.4	25.6	13.0	一杯に追う
助手30栗坂良	1回 53.7	39.4	26.2	13.6	一杯に追う
助手 3栗坂稍	1回 56.5	41.1	26.5	13.4	一杯に追う

京都ダ1800m

一杯に追われたトラック調教馬がベスト

1200、1400mに比べて断然トラック調教馬が好走しやすい条件。これはコーナー4つというコース形態が大きく影響しています。ただし通常の調教ではいけません。一杯に追われているトラック調教が理想で、特にメイショウダグザ（単勝2560円）のような一杯追いを本数多くがベストです。また前走の調教が馬ナリや強めから一杯に変化しているパターンには注意してください。同じ京都ダ1800mで負けていたとしても前走はコースに適性ある調教が課されていなかっただけなので、一杯に追われることで一変する可能性は十分にあります。

■2009年1月10日　飛梅賞（8番人気1着）出走時　　中1週

③メイショウダグザ〔意欲的な攻め内容〕						(→)
和竜■栗坂良	1回	53.8	39.3	25.8	13.3	一杯に追う
和竜◇栗坂稍	1回	―	39.3	26.0	13.4	一杯に追う
助手　5栗B良				44.2	14.1	⑧馬なり余力
和竜　8栗B良	77.7	62.8	48.9	35.9	11.3	⑨追って一杯
ピエナワイルド（古500万）一杯の外追走5F併0.2秒先着						

第8章　主要コースの調教適性

阪神芝1200m

坂路調教馬の中でも馬ナリで時計が出る馬

同じ1200mでも京都とは違い、トラックよりも坂路調教馬が好走します。もちろんこれは阪神にはゴール前に坂があるからですが、坂をこなすために坂路調教が有利というわけではありません。最後に坂があるというジョッキー心理がスプリント戦にしては遅い流れを作り、最後の直線でヨーイドン。結果的に瞬間加速できる馬が有利になるわけです。

ですから坂路でも一杯に追われないと動かないようなズブイ馬よりも、馬ナリで時計が出てしまうようなサンアディユ（セントウルS・単勝3080円）タイプがベストです。

■2007年9月9日　セントウルS（11番人気1着）出走時　中3週

④サンアディユ〔動きキビキビ〕					(→)
07.8ｼｬ栗坂良	1回 50.9	37.4	24.9	12.3	馬なり余力
生野■栗坂不	1回 51.5	38.7	25.9	12.9	一杯に追う
生野◇栗坂良	1回 50.9	37.4	24.9	12.3	馬なり余力
助手26栗坂良	1回 60.8	43.4	28.0	13.9	馬なり余力
生野30栗坂重	1回 52.9	39.1	26.0	13.0	馬なり余力
生野 5栗坂良	1回　―	37.6	25.1	12.7	馬なり余力

阪神芝1400m

馬場が荒れてくると一杯に追われている馬が好走する

1200mよりもバックストレッチが200m延びる分だけ、運動量は重要になります。特に馬場が荒れてくると、馬ナリの調教タイプよりは一杯に追われている馬が好走します。その代表例として取り上げることができるのは、2008年さざんかSのタイガーストーン（単勝5920円）でしょう。坂路でのラスト1Fが14・6秒と遅かったため、人気にならなかったのでしょうが、実際には4F52・8秒というスピードがあれば十分通用しますし、なにより一杯に追われていることが、このレースでメンバー最速の上がりを使うことができた要因です。

■2008年12月27日　さざんかS（8番人気1着）出走時　中1週

```
1 タイガーストーン〔上がりの時計要し〕      (→)
助手■CW良    81.2 65.6 52.1 39.4 12.3 8 稍一杯追う
南井◇CW稍    82.0 66.5 51.4 38.0 12.6 8 一杯に追う
助手24栗坂路   1回 52.8 40.0 27.4 14.6   叩き一杯
ユメヲカナエル（二併）一杯に0.2秒遅れ
```

第8章 主要コースの調教適性

阪神芝1600m

外回りになってからは運動量が重要になった

新装されて当初は極端なスローペース症候群のレースが続きましたが、騎手の乗り慣れもあって平均ペースに流れるレースが増えてきました。その結果、坂路とトラックを併用して本数多く調教している運動量豊富な調教タイプの好走が目立つようになりました。それを象徴するのがアーリントンCで、2008年ダンツキッスイ(単勝1970円)、2009年ダブルウェッジ(単勝1070円)とこの調教タイプが連勝しています。もちろん古馬の条件戦でもこの調教傾向ははっきり見られるので、馬券の軸として最適だと思います。

■2008年2月28日　アーリントンC（6番人気1着）出走時　中3週

```
①ダブルウェッジ〔口向きの悪さ見せ〕        (→)
09.1 ｷﾞCW良    78.3 62.8 50.0 38.2 13.4 ⑤追って一杯
助手 ■CW良    81.4 65.0 51.4 39.3 13.5 ⑨叩きー杯
助手 ◇CW良    78.3 62.8 50.0 38.2 13.4 ⑤追って一杯
乗東プール 2月17日        18日          20日
15栗坂1回57.5 42.0 13.3なり 18栗坂1回63.9 46.3 14.2なり
北浩19栗坂1回    54.1 39.3 25.4 12.8   末一杯追う
ファイトザパワー(古500万)一杯に0.2秒先行ｸﾋﾟ遅れ
助手22栗坂1回    57.1 41.7 27.5 13.7   馬なり余力
小牧25CW不    84.0 69.2 55.4 42.1 14.5 ⑦一杯追バテ
```

阪神芝1800m

一杯に追われた馬が穴をあけやすい

1600m同様、スローペース症候群のレースになりやすい条件ですが、この距離に変更されてからの鳴尾記念を見ても分かるように先行して瞬発力を使うというのが好走パターン。この戦法で好走するのが坂路を本数多く調教されている馬です。ただしペースが速くなると一杯に追われた馬が有利になります。スパニッシュソウル(単勝3030円)やストンコールド(単勝2130円)など穴をあけるタイプが多いので出走していれば単勝は押さえてください。このタイプは走破時計が速くなっても好走するので馬場状態、時期問わずに速くなっても上がりが速くならずに狙えます。

■2007年9月29日　500万下(8番人気1着) 出走時　中1週

6 ストンコールド〔好時計は出たが〕		(→)
植野◇栗坂重	1回 53.8 39.3 25.2 12.3	一杯に追う
植野26栗坂良	1回 52.7 38.6 25.0 12.4	叩き一杯

第8章 主要コースの調教適性

阪神芝2000m

調教量が必要。さらに併用であればベスト

京都芝2000mよりも直線に坂がある分、より一層調教量が必要になります。ただし直線が短いこともあり、ある程度の位置まで先行できる調教本数の多いタイプが有利です。トラックと坂路の併用であればコーナーをタイトに回る技術と最後の直線をしっかり伸びる脚力が鍛えられているのでベストです。大阪杯や朝日CCなどはその典型です。ただし極端にペースが速くなったり、遅くなったりすることもあり、その場合は調教量が少ない馬でも好走してしまうので、他の距離に比べると調教で馬券を買いにくい条件ともいえます。

■2008年9月15日　朝日CC（1番人気1着）出走時　(中5週)

⑦ドリームジャーニー〔変わりなく順調〕						↔
08.4㌃DW稍	80.7	64.6	51.6	39.1	12.8	⑨一杯に追う
助手■DW良	82.4	66.6	52.7	39.3	12.0	⑨強目余力
助手31栗坂重	1回	60.7	43.9	28.7	14.6	馬なり余力
助手 3DW良	84.4	67.5	51.9	38.4	12.5	⑨馬なり余力
7栗坂1回60.6	44.3	14.4なり		9栗坂1回64.1	46.8	14.9なり
助手11DW良	82.6	65.1	51.7	38.8	12.1	⑨馬なり余力

阪神芝2200m

基本は坂路で強め以上。流れが速くなると本数も必要

未勝利戦以外は比較的差し脚質が届く条件です。3歳オープンのすみれSでは2007年以降、3年連続して坂路調教馬が優勝しており、2009年トップクリフォード（単勝3070円）のような人気薄も好走します。調教の強さは馬ナリではなく、強目以上は必要ですが、一杯に追っていたり本数が多かったりする必要はありません。ただし宝塚記念などのように道中の流れが非常に速くなると予想できる場合は本数が必要になります。その代表例が2008年の宝塚記念を勝ったエイシンデピュティ（単勝1130円）です。

■2008年6月29日　宝塚記念（5番人気1着）出走時　　中3週

⑨エイシンデピュティ〔豪快な動き〕→
```
05.6⸺栗坂良     1回 50.4 37.3 25.4 12.8  馬なり余力
岩田■栗坂良     1回 54.1 38.8 25.4 12.8  一杯に追う
11栗坂1回     46.6 14.7なり  13栗坂1回 64.7 45.9 15.2なり
15栗坂1回 55.5 40.2 13.2なり  17栗坂1回     46.2 14.8なり
助手19栗坂良    1回 52.5 38.4 25.6 13.1  強目に追う
22栗坂1回 56.2 41.0 13.3なり  25栗坂1回     47.9 14.9なり
内博26栗坂良    1回 57.5 40.5 26.1 12.4  末強目追う
```
　内田博騎手が駆けつけて追い切りに騎乗。半マイルの時計が遅い点だけが少し気になるが、見た目には凄い行きっぷりだったし、フットワークもダイナミック。馬体も引き続きボリューム感十分。好調キープといえそう。
```
助手28栗坂良        63.3 45.2 28.8 14.3  馬なり余力
```

第8章 主要コースの調教適性

阪神芝2400m

トラックを主体とした運動量が必要なコース

スローに落ち着きやすいレースではありますが、運動量があってこそ逃げ切りを決めることができる条件です。ワンダームシャ(単勝6330円)はトラックを主体とした調教量を武器に果敢にハナを奪って逃げ切りを決めています。また差し脚質であっても3歳500万下で差し切りを決めたブラックシャンツェ(単勝2180円)のように、トラックと坂路を併用した豊富な調教量があれば好走できます。ですからこの条件においてはペースに関係なく、2000mよりも2200mよりも運動量が必要な条件だと認識した上で調教欄を見てください。

■2009年3月15日 淡路特別(11番人気1着)出走時 (中2週)

```
①ワンダームシャ〔元気はいいが〕              ↔
 08.1 ﾁCW重    79.5 64.4 51.0 38.4 13.0 ⑤追って一杯
 助手■栗坂稍    1回 52.9 38.7 25.2 12.7   末強目追う
 野元◇CW稍    82.6 67.4 53.1 38.9 12.5 ⑦馬なり余力
 助手 5CW稍 ⑦97.8 82.9 68.7 54.9 41.9 14.0 ⑧稍一杯追う
 助手 8DW良         57.8 42.3 12.7 ⑧馬なり余力
 助手10栗坂良    1回 60.7 45.4 30.8 15.8   馬なり余力
 野元11CW良    84.5 67.2 52.1 38.0 12.2 ⑦一杯に追う
```

阪神芝3000m

坂路もしくは併用の調教量豊富な馬が良い

この条件は阪神大賞典しかありません。馬場改修が行われる以前の阪神大賞典ではトラック調教馬が強いレースでしたが、2008年アドマイヤジュピタ、2009年アサクサキングスと坂路もしくは併用調教馬が優勝しています。そして2頭ともに調教本数が豊富だったという点から、1番人気というブランドがあれば好走できていたお堅い重賞から調教量も重要なレースに変身しつつあると思います。特に長距離路線で確固たる力ある馬が存在しない場合は、坂路もしくは併用で調教量の豊富な馬を狙ってもよいでしょう。

■2009年3月22日　阪神大賞典（2番人気1着）出走時　中3週

⑩アサクサキングス〔馬体充実目を引く〕 (→)
07.4㍻DW良　　79.4 64.6 51.8 38.3 12.4 ⑨強目に追う
助手■DW良　　85.0 66.8 51.7 38.3 11.8 ⑨追って一杯
助手 4DW良　　　　　　60.3 44.7 13.2 ⑨馬なり楽走
助手 8栗坂良　　2回 57.4 41.1 26.0 12.3　馬なり余力
四位11DW良 ⑦95.9 80.2 65.7 52.0 38.9 12.6 ⑧一杯に追う
ヒラボクロイヤル（古ｵｰﾌﾟﾝ）一杯の内追走0.3秒先着
助手14栗坂良　　2回 56.3 39.8 25.4 12.4　馬なり余力
助手18DW良　　　　　67.8 52.2 38.6 12.6 ⑨強目に追う

第8章 主要コースの調教適性

阪神ダ1200m

馬券的に重要なのは一杯に追われていること

京都ダ1200mとの大きな違いは砂質と直線の坂です。このふたつが軽い調教での好走を阻んでいます。牝馬限定戦や極端に力の抜けた馬を除けば軽い調教ではほとんどが凡走しており、休養明けである程度仕上がっていると思っても結果が出ないことがあります。

馬券的には重要なのは一杯に追われていること。1000万下を勝ったヴォレハクユウ(単勝17260円)のように坂路で一杯に追われていれば前走の着順は無視です。特に前走が京都や小倉といった平坦ダートでの敗戦であれば、よりおいしい馬券になります。

■2008年12月14日　1000万下（12番人気1着）出走時　中4週

```
⑮ヴォレハクユウ〔反応鈍い〕                              (→)
08.11ﾍﾞｽﾄ栗坂良      1回 52.2 39.0 26.5 13.7    一杯に追う
助手■栗坂良        1回 53.7 39.8 26.4 13.4    叩き一杯
助手◇栗坂良        1回 52.2 39.0 26.5 13.7    一杯に追う
-------------------------------------------------------
19栗坂1回55.1 40.8 13.4叩一   27栗坂1回55.7 41.4 13.5叩一
助手 3栗坂良       1回 53.6 39.8 26.5 13.7    一杯に追う
助手10栗坂稍       1回 55.0 40.3 25.6 12.8    叩き一杯
```

阪神ダ1400m

一杯で本数多めのスパルタ調教馬が走る

1200m同様、目一杯に追われていることが重要です。ただ調教本数は1200mと違い、少なくても良いということはありません。最低でもローテーションと同じ本数、できればそれ以上を一杯に追われているようなスパルタ調教が好走に繋がります。JRA単勝払戻ランキングで5位（2009年4月19日時点）のクイックリープ（単勝47360円）も坂路で一杯に追われた馬でした。この条件も1200m同様に前走の着順は無視して、坂路で一杯に追われていることを最重要と認識して買い続けてください。ただし雨で脚抜きが良くなると威力は半減します。

■2008年4月19日　500万下（16番人気1着）出走時　（中1週）

```
12 クイックリープ〔動きに精彩を欠く〕
08.1ｽﾞ栗坂良    1回 53.3 39.6 26.5 13.7  一杯に追う
助手◇栗坂重    1回 54.0 39.8 26.5 13.8  馬なり余力
助手16栗坂良    1回 54.4 40.6 27.8 14.8  一杯に追う
リュウシンガール(三槽)馬なりに0.2秒先行0.1秒遅れ
```

第8章 主要コースの調教適性

阪神ダ1800m

どのクラスにおいても調教の強さと本数が重要

1400mから一気に2F距離が延長するので、より一層調教の強さと本数が重要になります。特に距離延長ということで、クラスが上がれば上がるほど本数の多さが決め手になります。2008年からジャパンカップダートが行われるようになりましたが、勝ったカネヒキリ（単勝980円）は坂路とトラックを本数多く併用した調教タイプでした。また2009年からは安全確保のため、砂厚が0.5センチ厚くなったので、より一層の調教本数と強さが必要になるはずです。どのクラスにおいても調教欄の「一杯」という表記が武器になる条件です。

■2008年12月7日　JCダート（4番人気1着）出走時　中3週

```
⑩カネヒキリ〔徐々に良化見せる〕
06.3 CW稍        67.4 52.4 37.9 11.9 ⑧馬なり余力
助手■CW良        71.6 55.9 40.5 12.5 ⑧馬なり余力
助手◇栗坂良  1回 53.0 39.1 25.8 13.0  一杯に追う
栗東プール11月12日4周
栗東プール    13日4周   14日4周   18日5周   19日4周
助手15栗坂良  1回 64.4 47.1 30.8 14.6  馬なり余力
19栗坂1回58.4 43.0 14.6なり 21栗坂1回63.3 46.4 14.4なり
21栗坂1回62.5 45.8 15.1なり 22栗坂1回62.0 45.0 14.5なり
助手24CW良        67.2 53.3 39.1 12.5 ⑦馬なり余力
ブーケフレグランス（古1000）馬なりの内先行同入
助手26栗坂稍  1回 59.3 40.9 29.1 14.6  馬なり余力
ルメ27CW良        67.7 52.7 39.1 11.7 ⑧一杯に追う
ポップロック（古オープン）叩一杯の内追走0.2秒先着
助手30CW稍        70.8 54.7 39.7 12.8 ⑧馬なり余力
ボランタス（古1600万）馬なりの外先行3F付同入
助手 2栗坂良  1回 59.2 43.4 28.7 14.2  馬なり余力
助手 3CW良        69.0 53.8 40.4 12.8 ⑦馬なり余力
ボランタス（古1600万）一杯の内先行3F付0.1秒遅れ
5栗坂1回60.1 44.9 15.0なり  6栗坂 64.9 47.7 14.8なり
```

阪神ダ2000m

坂路、トラック、併用を問わず本数多い馬の好走が目立つ

スタート地点に芝がありますが、その後1コーナーまでの距離が長いので、特に激しい先行争いは行われません。よって新装直後はスローペース症候群になっていましたが、開催が進むにつれて騎手の慣れもあり、徐々に道中で運動量が必要な流れになってきました。その結果として、坂路、トラック、併用を問わず本数多い調教タイプの好走が目立ち始めています。オープン競走のベテルギウスSでは2008年の勝ち馬マコトスパルビエロがこの調教タイプでした。今後も出走頭数が揃うようなレースであれば、本数は重要になるでしょう。

■2008年12月13日 ベテルギウスS（6番人気1着）出走時　中2週

④マコトスパルビエロ〔脚取り確か〕						→
08.2ﾍﾞﾃ栗坂重	1回	52.2	38.2	―	13.0	強目に追う
助手 ■栗坂稍	1回	52.7	38.3	25.5	13.3	叩き一杯
安勝◇栗坂良	1回	53.4	39.4	―	―	叩き一杯
助手 3栗坂良	1回	57.1	42.0	27.0	13.2	馬なり余力
助手 7栗坂良	1回	56.1	41.3	26.9	13.6	馬なり余力
助手10栗坂稍	1回	54.7	38.6	25.8	13.3	一杯に追う

あとがき

まず最初に新書をつくるにあたって様々なことを教えていただいた調教師の先生方、厩務員の皆様に御礼申し上げます。

本文中にコメントを掲載させていただいた、白井寿昭調教師、橋口弘次郎調教師、友道康夫調教師、池江泰郎調教師、角居勝彦調教師、音無秀孝調教師（順不同）の皆様、本当にご協力ありがとうございました。

またコメントの掲載はありませんでしたが、普段の調教取材時からこの本を作成するための基礎知識になるお話をしていただいている佐々木晶三調教師、西園正都調教師、安達昭夫調教師、庄野靖志調教師（順不同）の皆様、本当にありがとうございました。

そして公私ともどもお世話になっている立山勇厩務員をはじめ、いつも声を掛けてくださる厩務員の皆様も本当にありがとうございました。

トレセンで馬に携わり、働く人々のご好意によるお話がなければ、今回のような現場目線での本を書き上げることはできなかったと思います。

特に私が住いを栗東に移し、調教取材に行く日数が多くなってからは以前にも増していろ

んなお話を聞かせていただきました。そこから蓄積した調教データを丹念に調べていくと、本書に記したような調教の真実が見えてきます。調べたデータに対して、現場からその結果に至った要因を聞くことができたのは本当に幸せの極みでした。

きっと現場からの声がなければ、私自身が馬券で外れても、その原因を自問自答するしかなく、息が詰まってこの仕事を辞めようと思ったかもしれません。しかし私自身が以前にも増してこの仕事が好きになったのは、トレセンの人々が温かく見守ってくれたおかげだと思います。

またこの本をつくるにあたって多大なご協力をいただいたのは、白夜書房の柿原正紀編集者とデザイナーの雨奥崇訓さん、そして競馬王編集部の皆さんです。柿原さんの調教に対する素人目線は、私には当たり前のことでも、一般的には知られていないこと、みんなが知りたがっていることだと分かりました。そういった部分をこの本にたくさん詰め込むことができたので、柿原さんに編集していただけて本当に良かったと思います。また締切に対する圧力も厳しすぎず緩すぎずでちょうど良かったです。

このように書き上げた本ですが、私が過去に3度出版させていただいたものよりも「いろんな人に読んでもらいたい」という充実感に満ちています。しかしその内容が読者の要求に

あとがき

対して的を射ているかどうかはまた別問題ですよね。もしこの本を読んで「物足りない」と思った方はお手数ですが、ぜひとも白夜書房第一編集部までお便りください。物足りないところを指摘していただければ、競馬王本誌、もしくは次回新書発売時の参考にさせていただきます（物足りないという内容の投稿があった時点で出版させてくれないような気もしますが）。

とにもかくにも、私が調教捜査官であり続けるために。

2009年春　井内利彰

万馬券を当てまくりたい人も、
強烈なぶっ込みを決めたい人も、
競馬の本質を知りたい人も、
POGでひとり勝ちしたい人も、

競馬王で願いを叶えてください!!

最先端の儲かる理論を発信し続ける馬券攻略雑誌
競馬王
偶数月8日発売
A5判 定価1280円
http://keibaoh.com

予想公開、最新馬券術の該当馬発表、POG情報、新刊案内を配信!
競馬王無料メルマガ 会員募集中!

毎週末にお得な情報が届く〝馬券に直結したメルマガ〟です。早速登録して、予想の参考にしてみてください。配信時刻は20〜21時を予定しています。

メルマガの登録は、以下のアドレスに空メールを送るだけ!!
mm@keibaoh.com

このQRコードからもアクセスできます!!

井内利彰（いうちとしあき）

　1976年、大阪生まれ。大学時代には大阪ミナミの駐車場でアルバイトをしながら、自作の競馬新聞を駐車場のお客さんに配布していた。1999年、トラックマンの印を分析した馬券術「番記者番付」の開発者として「競馬王」誌上でデビュー。2001年には、かねてから取材していた白井調教師のアドバイスを基に、調教馬券術「調教Gメン」を発表。膨大な調教データを駆使した斬新な分析で、「調教適性」の存在を世に知らしめる。以来、調教捜査官としてテレビ、雑誌、インターネットなど、様々なメディアで活躍している。主な著書に「番記者番付」「調教欄で荒稼ぎする必勝法調教Gメン」「調教師 白井寿昭 GI勝利の方程式」（小社刊）などがある。

前日予想は以下のURLにて公開中
http://www.keibaoh.com/

100%激走する勝負調教、鉄板の仕上げ
馬の調子、厩舎の勝負気配は調教欄ですべてわかる

2009年 6月 1日初版1刷発行
2011年 4月20日初版4刷発行

著　者	井内利彰
発行者	末井　昭
装　幀	雨奥崇訓
印刷・製本	暁印刷
発行所	株式会社白夜書房
	編集部　〒171-8570　東京都豊島区高田 3-10-12　03-5292-7733
	営業部　〒171-0033　東京都豊島区高田 3-10-12　03-5292-7751
URL	http://www.byakuya-shobo.co.jp/

本書の内容の一部あるいは全部を無断で複合複製（コピー）することは、法律で認められた場合を除き、著作者および出版社の権利の侵害となりますので、その場合は予め小社あてに許諾を求めて下さい。

©Toshiaki Iuchi

競馬王新書シリーズ 続々刊行予定

- 001 **カリスマ装蹄師 西内荘の競馬技術** ― 空飛ぶ蹄鉄をいかにデザインするか ／ 城崎哲
- 002 **工学的穴馬券入門** ― 京都大学競馬研究会名誉会長が教える ／ 棟広良隆
- 003 **安藤勝己の頭脳** ／ 亀谷敬正
- 004 **〈京大式〉パドック入門** ／ 久保和功
- 005 **馬単・三連単時代のVライン帯封講座** ― 前走の位置取りだけで激走馬を見抜く方法 ／ 松沢一憲
- 006 **ヤリヤラズ入門** ― 「でる単」式 着順固定講座 ／ 加納裕一
- 007 **穴馬はなぜ何度も穴をあけるのか?** ― 戦犯ホースの定義 ／ 六本木一彦
- 008 **コースの鬼!** ― コースの読み方&全GIレース解析編 ／ 城崎哲
- 009 **真相** ― ディープインパクト、デビューから引退まで今だから言えること（池江泰郎厩舎調教助手）／ 池江敏行
- 010 **棟広馬券塾** ― 7日間で学べる京大式万券ワークショップ ／ 棟広良隆
- 011 **玄人になる競馬術** ― 素人のままプロを超えるレースの見方 ／ 本島修司
- 012 **超万馬券を10点以内で当て続ける方法** ／ 亀谷敬正
- 013 **赤木一騎の「遺書」** ― JRDBを立ち上げた男の最初で最後の競馬論 ／ 赤木一騎
- 014 **穴馬は走りたがっている** ― 激走馬をみつける真の血統力とは何か ／ 今井雅宏
- 015 **誰でも勝てる千二の極意** ― プロ馬券師 土方吾郎直伝 ／ 土方吾郎
- 016 **開成調教師** ― 安馬を激走に導く厩舎マネジメント ／ 矢作芳人
- 017 **鉄板競馬** ― 競馬歴30年以上、馬券名人の鉄板録・ぶっ込み道 ／ グラサン師匠
- 018 **鉄板の条件・消しの条件** ／ 奥野憲一
- 019 **血統クラシックロード 2009-2010** ／ 久米裕
- 020 **負けないPOG入門** ／ 競馬王編集部編